# 善行天下

## 1701

中国慈善联合会 编　　王爱平　浦善新　主编



中国社会出版社
国家一级出版社·全国百佳图书出版单位

**图书在版编目（CIP）数据**

善行天下．1701／王爱平，浦善新主编．—北京：中国社会出版社，2017.3
ISBN 978－7－5087－5632－5

Ⅰ．①善… Ⅱ．①王… ②浦… Ⅲ．①慈善事业－成就－中国 Ⅳ．①D632.1

中国版本图书馆 CIP 数据核字（2017）第 044461 号

---

**书　　名：**善行天下．1701
**主　　编：**王爱平　浦善新

---

**出 版 人：**浦善新
**终 审 人：**李　浩
**责任编辑：**余细香　　**责任校对：**张爱华

---

**出版发行：**中国社会出版社　　**邮政编码：**100032
**通联方法：**北京市西城区二龙路甲 33 号
**电　　话：**编辑部：（010）58124835
网络部：（010）58124845
邮购部：（010）58124848
发行部：（010）58124836　58124838
**投稿邮箱：**1481821929@qq.com
**网　　址：**www.shcbs.com.cn
**经　　销：**全国各地新华书店

中国社会出版社天猫旗舰店

---

**印刷装订：**中国电影出版社印刷厂
**开　　本：**185mm×260mm　1/16
**印　　张：**15
**字　　数：**220 千字
**版　　次：**2017 年 3 月第 1 版
**印　　次：**2017 年 3 月第 1 次印刷
**定　　价：**50.00 元

中国社会出版社微信公众号

# 在登记管理工作中全面加强社会组织党的建设

刘忠祥

民政部门登记的社会团体、基金会、民办非企业单位等社会组织，是我国社会主义现代化建设的重要力量，是党的工作和群众工作的重要阵地，是党的基层组织建设的重要领域。改革开放以来，社会组织发展迅速，年增长率都在10%以上，在促进经济发展、繁荣社会事业、创新社会治理、扩大对外交往等方面发挥着积极作用。但社会组织工作也存在着一些问题，其中，社会组织党建工作薄弱是必须面对并着力解决的问题。加强社会组织党建工作不但需要抓党组织组建，提高党的组织和工作覆盖，也需要加强社会组织自身建设和党组织能力建设，促进社会组织党组织真正发挥作用。同时，更需要加强党对社会组织工作的领导，将社会组织培育成党领导下的促进社会治理创新的重要主体和社会主义现代化建设的可靠力量。在登记管理工作中全面加强社会组织党的建设，需要正确处理以下三个方面的关系。

一要正确处理社会组织管理制度改革与社会组织党建管理体制的关系。一直以来，社会组织实行登记管理机关和业务主管单位“双重负责”的管理体制。党的十八大提出要加快形成“政社分开、权责明确、依法自治”的现代社会组织体制，党的十八届二中、三中全会作出了行业协会商会与行政机关脱钩、四类社会组织直接登记的改革部署，行业协会商会、科技、公益慈善、城乡社区服务四类社会组织成立时，不再需要业务主管单位审查同意，可直接向民政部门依法申请登记。社会组织管理体制逐步转变为“直接登记”与“双重负责”并行并存的混合型管理体制。管理制度改革后，成立登记的门槛将会有所下降，事中事后监管的责任将显著加重。按照中央要求，全国性社会组织党建工作分别归口中央直属机关工委、中央国家机关工委、国务院国资委党委统一领导和管理，地方社会组织党建工作由省、市、县级社会组织党建工作机构统一领导和管理。这一制度安排最大限度地发挥了党委部门整合资源、宏观协调推进社会组织党建工作的体制优势，但是，由于党建工作机构不直接掌握社会组织登记和日常监管信息，在推进工作中，仍然需要依托民政部门抓具体工作，而民政部门对此又没有配备专门的党建机构和人员力量。在社会组织管理制度改革任务日益繁重的今天，如何克服党建工作和业务工作“两张皮”的现象，从而形成工作合力，仍需要下工夫加以研究解决。

二要正确处理社会组织法人治理结构与社会组织党组织政治核心作用的关系。2015 年 9 月中央办公厅印发的《关于加强社会组织党的建设工作的意见（试行）》，从六个方面明确了社会组织党组织的政治核心作用，提出社会组织党组织要“参与社会组织重大问题决策”。此外，在社会组织党组织的基本职责中明确规定，要“引导监督社会组织依法执业、诚信从业”，要“引导和支持社会组织有序参与社会治理、提供公共服务、承担社会责任”。两个“引导”、一个“监督”、一个“支持”，不仅对社会组织党组织赋予了新的历史责任，也对社会组织法人治理结构和治理机制提出了更高的要求。如何既坚持方向和原则，又注重体现社会组织的特点和规律，做到党的领导与社会组织依法自治相统一，亟须认真研究，切实加以创新推动。

三要正确处理社会组织特殊性与党建工作要求的关系。社会组织种类繁多，活动领域覆盖广泛，人员构成多种多样，工作方式灵活多变。需要根据社会组织的特点和实际，探索党建工作规律，创新党的组织方式、活动方式和党员管理方式。不能重“有形覆盖”而忽视“有效覆盖”，即不能片面追求提升党在社会组织中的组织覆盖而忽略了党组织工作的有效开展。做好社会组织党建工作，必须要有抓细抓小、久久为功的劲头。要根据社会组织党员少的特点，注重从社会组织中培养积极分子和发展党员，及时将政治素质好、业务能力强的人员，吸收到党组织中来。要根据社会组织兼职人员多的特点，进一步探索兼职党员过双重组织生活制度，解决“有党员无组织”和“口袋党员”的问题。要根据社会组织规模小、分布散的特点，采取多种联合组建方式，借鉴一些地方一些行业探索的组建行业党委的方式，发挥一些联合性社会组织在同行业、同领域社会组织党建中的枢纽作用，在社会组织聚集的区域，依托社会组织服务中心或孵化基地等机构建立党组织，统一规划建立区域性党员活动中心，发挥其辐射作用。

（作者系民政部民间组织服务中心党委书记）

# 目 录

## 善解慈政



## 慈联动态



## 图击慈善



## 慈善人物

## 特别视点



## 慈善沙龙



## 社会责任



## 慈善组织

## 社区慈善



## 小善大爱



## 慈善文化



## 环球慈善

## 善绎人生

# 善解慈政

仁言不如仁声之入人深也，善政不如善教之得民也。善政，民畏也；善教，民爱之。善政得民财，善教得民心。

——孟　子

# 2017 慈善趋势大家谈

## 引言

把脉大势，预见未来。新年伊始，中国慈善联合会与新华网联袂发起“2017 慈善趋势百人谈”，广邀各路慈善英雄豪杰、有识之士，对中国和全球慈善前景及发展趋势，进行预测分析和展望，提出建议。

**1. 安耐德**（马里兰大学中国事务办公室主任）

2017 年将是中国公益慈善界繁忙的一年，国内外慈善机构需要适应新的政策环境。至于发展趋势，2016 年的监管机制改革将在 2017 年结出累累硕果，那就是：一个更加规范化的慈善行业。2017 年也会迎来能够提高透明度及提供创新型捐助渠道的多样化电子数据平台。我们希望看到国际交流的不断强化。中国的公益慈善行业仍在发展中，如果要在世界上形成自己的独特地位，则需要与世界其他国家和地区进行交流与合作。马里兰大学将继续提供这样一个共同学习交流的平台，将帮助中国成为世界慈善产业的创新动力。

**2. 白良**（Jacques Pellet，红十字国际委员会主席中国事务特使）

我非常欢迎中国颁布慈善法。红十字国际委员会长期以来致力于与商界和基金会合作，应对冲突地区的人道需求。当今世界，人道行动所面临的挑战日趋复杂，人道组织迫切需要与其他各方开展合作，找到解决人道问题的具体方案。中国在此方面发挥着毋庸置疑的作用，我真诚希望该法将创造更多机会来最好地利用中国的能量、专业技能和资源，使红十字国际委员会这样的人道组织在全球力求保护和援助的人民与社区受益。

**3. 边莉君**（无锡市滨湖区青谷社区营造社）

2017 年，社区发展要有新的作为，社区工作需要关注居住者本身，不管城市社区还是农村社区，社区营造的核心都在于年轻人的成长和发展——凡居住者之愿皆可为。这是一个赋权和赋能的过程，以不预设的姿态去期盼，以不确定的可能性丰富可能出现的任何一种社区形态。

**4. 蔡概还**（中国信托业协会首席经济学家、中国慈善联合会慈善信托委员会主任委员）

慈善信托是一种全新的慈善方式，它丰富了社会各界参与慈善事业的载体和途径。慈善信托是公益事业与信托制度的完美结合。信托制度历经千年发展而历久弥新，它关于财产独立性、他人受益等安排，使其可以运用在社会公益领域。慈善信托的开展，将有利于解决社会公益问题、推进现代福利国家的发展。信托因慈善而流芳，慈善因信托而久远。

**5. 陈忠伟**（恒源祥集团总经理）

过去的 2016 年，是中国公益慈善事业进入“依法行善”的第一年。我们相信 2017 年一定是慈善事业蓬勃发展的一年，同时这一年也是恒源祥集团成立 90 周年。我们会在慈善法的规范下继续履行恒源祥的企业社会责任，继续拿出利润的 10% 用于社会公益事业，回报社会。我们将持续投入关爱孤残儿童的“恒爱行动”、关注青年成长成才的“青年恒好”等公益慈善项目。

**6. 崔根良**（亨通集团有限公司董事局主席）

“老吾老以及人之老，幼吾幼以及人之幼。”在中国传统道德中，早就存在着慈善的文化基因。“德之不厚，行之不远。”亨通创立 25 年来，在实现自身发展的同时，将回馈社会作为始终不渝的价值理念，成立亨通慈善基金会并致力于教育、济困、安老、助残、救灾等慈善公益事业。慈心为民，善举济世。一个优秀企业在发展好自身做强做大的同时，也要重视社会效益，做一个有社会责任担当的企业。2017 年，期待与更多企业携手并肩，共担社会责任，“撸起袖子加油干”，共同助力公益慈善，致力精准扶贫，让亿万人民共享发展成果，让中华民族的传统美德薪火相传，让全面小康的梦想照进现实。

**7. 丁建定**（华中科技大学社会学院教授）

根据世界慈善事业发展的基本轨迹，中国的慈善事业将在现有基础上走向逐步成熟的发展阶段，慈善的目标将从扶弱济困走向关注人类发展共同面临的环境、教育、健康等事业，慈善的管理逐步走向法制化和系统化，慈善的从业人员逐步走向专业化和国际化，慈善的发展也将对中国经济和社会进程产生更加积极的影响。

**8. 丁元竹**（国家行政学院决策咨询部副主任、教授）

党的十八大以来，特别是2016年党的十八届六中全会，中央出台了一系列规范领导干部行为的党规政纪，包括创办和参与社会组织等，促使一些现职领导干部和离退休领导干部退出社会组织，这对于厘清政府与社会的边界、完善社会组织治理结构是一个重大机遇。社会组织应当抓住这个机遇，不断完善内部治理结构，加快提升自己的能力建设，履行好自己的使命。

**9. 房涛**（深圳市慈善会秘书长）

2017年的中国慈善事业定会迎来更好的前景。慈善法需要更加深入地解读与普及，慈善理念需要真正走向人心。要加强慈善创新和社会创新的规模，真正改变人的思维方式和行为模式，持续推动社会的进步。慈善行业需要复合型的专业人才，无论是管理人才还是服务人才，无论是数量还是质量都面临很大挑战；慈善组织要运用好新工具，尤其是金融工具，借助金融的力量，管理好慈善资金，做好保值增值，提升善款的使用效率。

**10. 古润金**［太平绅士、完美（中国）有限公司董事长、马来西亚丹斯里皇室拿督］

2016年随着慈善法出台，社会组织数量快速增长，在新的制度背景和行业环境下，公益行业改革创新势在必行。作为一家走了23年慈善路的爱心企业，完美（中国）有限公司在新的一年将继续坚持“取之社会，用之社会”公益理念，借助中国公益平台建立战略合作伙伴，整合各方资源，全力推动“华人世界和谐共进”。

**11. 顾林生**（四川大学—香港理工大学灾后重建与管理学院执行院长）

2017年面临很多艰巨的任务，例如，如何落实中共中央与国务院关于推进防灾减灾体制机制改革方案和提高综合防灾减灾能力？如何引导慈善界等社会力量参与防灾减灾，减轻灾害风险？如何落实习近平总书记在2016年纪念唐山地震40周年关于促进我国综合防灾减灾的三个转变的讲话精神。衷心希望中国慈善界在防灾减灾、减轻风险灾害等领域提供平台和发挥更大的作用，促进更多的企业和个人参与社会防灾减灾。

**12. 郭力**（北京百度公益基金会秘书长）

公益行业的变化越来越多、越来越大。政策、资本、媒体和事件等都在不断触发变化。比如移动互联网作为当前公益行业重要的基础设施，在近年来拉动公众捐赠之后，是继续发挥人口红利和人口优势，还是将呈现新的场景和玩法，让人期待又未知。行业里每个机构和同人，唯有敏锐感知和应对变化，才能经受下一波大浪淘沙。

**13. 何文炯**（浙江大学教授、中国社会保障学会副会长、中国慈善联合会学术委员会副主任委员）

随着经济发展和社会转型，我国慈善事业正在由精英慈善走向大众慈善。因此，要按照慈善法的精神，满腔热忱地支持和推进慈善事业走向大众化：一是培育大众参与慈善的内在动力，重点是慈善文化；二是建立更加有效的激励机制，重点是税制；三是创新慈善活动载体和活动方式，重点是有效的慈善活动方案设计，充分利用互联网。

**14. 黄如论**（世纪金源集团董事局主席、中国慈善联合会副会长）

善乃人性光辉，慈为人间至情。慈生我心，善行天下。爱心广济，共筑和谐。

**15. 黄英男**（今日头条公益主编）

继2016年对慈善法的热烈讨论、关注和期待后，2017年如期来临了。在慈善法颁布后的一年中，网络个人捐助正在更快更多地进入人们的生活，诸如轻松筹，已成为辐射中国公众生活最为普遍的一种方式，也正是这种网络方式，在拉入大众参与一起起个体救助事件的同时，也引发了公众对公益的更多思考，如 2016 年底的“罗尔事件”。在公益界人士期盼了多年的公众参与和理解后，相信 2017 年将是一个公众通过网络便捷方式，借助个人捐助为切入点，深入参与公益的关键起点，继 2008 年的大难之后，公众常态参与公益的阶段正在到来。

**16. 贾西津**（清华大学 NGO 研究所副所长、副教授）

2016 年，《中华人民共和国慈善法》和《中华人民共和国境外非政府组织境内活动管理法》相继出台，2017 年是见证慈善领域这两部重要法律效果的第一年。随着相关法规的颁布实施，慈善行业的生态也在发生微妙调整，行业结构重塑的趋势将逐渐显现，体制的、“草根”的因素，慈善组织、非慈善组织，境内、境外的分野，传统慈善、新慈善……这些维度如何变化，2017 年值得密切观察。

**17. 姜佳佳**（信阳市平桥区大学生村官）

公益慈善项目随着与互联网的深度结合，让更多不同的群体产生互动，加强链接，“大众参与”将成为一种参与的趋势。但相对专业的公益慈善行业的机构和从业人员，自身的专业性和独立性仍需要加强，加深专业的公益慈善行业从业人员与其他群体的协作，将会为公益领域注入新的血液。

**18. 雷永胜**（老牛基金会常务副理事长兼秘书长）

随着国家政策和社会环境的进一步改善，尤以慈善法为核心的一系列政策法规的“井喷式”发布，2017 年乃至今后一个时期都将是我国公益慈善史上的黄金发展期。希望在这一进程中，家族慈善能够充分发挥其自身优势，践行财富向善、家族向善，引领社会风尚，助推我国“全民慈善”意识不断提升；同时，也希望业内多一些脚踏实地、创新进取，少一些论坛（研究）、评比（榜单）。

**19. 李健**（中央民族大学管理学院副教授、基金会研究中心执行主任）

回首过去一年，政社关系全面进入“放管服”结合的新时代，相关配套改革紧锣密鼓地展开。一是以直接登记为标志的放松管制逐步延伸到行业型、枢纽型机构；二是以信息公开为基础的综合性、平台性监管体系稳步推进；三是以政府购买服务为抓手的社会组织支持与培育路径逐渐清晰。

**20. 李劲**（深圳壹基金公益基金会秘书长）

作为慈善法颁布之后的第一年，2017 年令人期待。我们理解慈善法的基本精神就是：更加开放、更加竞争。首先，在这种新的法律环境之下，监管部门也肯定会在放宽准入门槛——注意不是注册门槛——的前提下，加强对公益机构运营的监管。所以也可以预期，更多的配合慈善法颁布和执行的条文条规会陆续出台，由此强化对公益慈善机构在合规性方面的要求。因此，公益慈善机构需要加强提升机构的合规性能力。其次，在日渐开放的公益慈善市场环境之下，特别是在公募准入门槛降低的情形之下，所有的公益慈善机构，势必要加强自己在公募方面的能力，其核心是加强对公众说话的能力，向公众说话，向公众募集，向公众负责，公益慈善机构的公共性势必大为增加。这是中国的公益慈善组织向现代公益组织迈进的重要一步，也是整个中国公益慈善行业向现代公益迈进的可喜的一步。

**21. 李宪明**（中国慈善联合会慈善信托委员会常务副主任委员）

信托制度结构中内含着慈善的基因，与慈善相辅相成，能够使财富发挥其应有的社会价值，促进社会公益。我国信托制度是法律移植的产物。慈善信托的本土化更需要与现行法律制度相互适应，将面临更大的挑战。慈善信托活动深入民心，根植于老百姓的日常生活将是一个长期过程，需要人们的精心呵护。

**22. 林碧玉**（慈济慈善事业基金会副总执行长）

慈善法爱心大格局，激发爱心处处涌泉，青壮纷纷用爱投入，政府企业竞相支持，群体爱心奔放火花，人人慈善人人解困，慈济二十六年融神州，力行慈悲喜舍予乐，紧急灾难小区急难，走在最前蹲点久久，视小区孤寡如己亲，奔山区千村助脱贫，偏远助学回归乡里，小区急难及时抚困。2017 年布大战略，以大慈悲携手科技，开展慈善联网新局，以人为本不分族群，开阔视野展大慈悲，大爱扬帆无边无尽。

**23. 刘飞**（成都爱有戏社区发展中心创始人）

随着社会的进步和经济的发展，人民的生活也越来越幸福，但是在高度的竞争当中，总有一些困难群体处于劣势。目前中国城市贫困人口在 3000 万左右，他们是一个极易被忽视的群体。政府在帮助贫困人口方面作了很多努力，但是光靠政府的努力还不能彻底解决城市贫困人口的问题。公益慈善应该发挥更加重要的作用，和政府携起手来，为更多老百姓的福祉而努力！

**24. 刘文华**（中国慈善联合会慈善资产保值增值委员会筹备组组长）

我国慈善组织在资产保值增值上普遍保守甚至不作为，收益低下，问题长期存在却被有意无意忽视，令人汗颜！2017 年，慈善与金融对话的大幕徐徐拉开，两行业将联手推动慈善资产保值增值向常识回归一点，向市场靠拢一点，向国际接近一点，期望促进基金会平均投资收益率提高 1~2 个百分点，即增加 10 亿 ~20 多亿元。善莫大焉！

**25. 刘佑平**（中国慈善联合会副秘书长）

期望人类的灾害与苦难少一些，人们更加富裕而善良，慈善的政策环境更加宽松，慈善人更多一些坚守和担当，行业的发展步伐更大些，社会的活力不断被慈善激发！

**26. 楼永良**（中天控股集团有限公司董事长）

2017 年，世界在变化，我们没有变。我们将继续企业转型升级的方向，在经济新常态下求发展。在公益慈善事业方面，将一如既往，真心真诚地做好每一件善事。因为，对于中天来说，慈善，已成为企业文化的一部分，成为中天在冬天里成长的内在动力之一。2017 年，是慈善法施行的第一年，我们愿意和同行们一起，把慈善法的温暖放大，辐射到更多需要关爱的人的身上，让世界变得更加温暖。

**27. 卢德之**（华民慈善基金会理事长）

2017 年，随着相关法律法规陆续出台或落实，中国慈善事业将进入法治化和规范化发展的新时期。我们激情不减，矢志不渝，但会更多地增添成熟与理性，社会各界将勠力同心，共同发展，共同创造 21 世纪慈善的新事业和新世界。我真诚地希望，慈善不仅是我们慈善人的事业，也是每个中国人的生活，更是至善追求者的精神信仰。

**28. 卢思岳**（台湾社区重建协会创会理事长）

奠基于创新社会治理的改革趋势上，中国基层社区治理的工作将全面开展。在各省份财政负担许可下，覆盖地域将从城市逐步向乡村扩散，实操内容则由扶贫、环卫、养老、儿童逐渐朝文化、生态、产业深化，并将以不同的发展模式和策略，开出各具特色的花朵。大陆和台湾基层社区治理的民间交流将更加热络展开。

**29. 陆士桢**（中国青年政治学院原党委书记、教授）

志愿服务是我国慈善事业发展的重要组成部分。2017 年，需要积极推进志愿服务条例等法规的颁布；加强全国志愿服务信息系统建设，有效实现供需对接，为实现 2020 年注册志愿者比例达 13% 打好基础。同时，要着手建构中国特色志愿服务的理论与实践体系，从理论、文化、内容、项目和管理等几方面加快建设，将志愿服务建设成为推进慈善事业、实现国家现代化的重要基点。

**30. 吕全斌**（中国基金会发展论坛、益 + 学院秘书长）

2017 年是慈善法实施后的第一年，新的三大条例也会陆续公布实施，公益慈善事业蓬勃发展，越来越与主流社会互动接轨，互联网公益和社区公益将带来新的气象。在充满机会的环境下，挑战也会继续存在，尤其需要关注慈善事业助人自助的核心价值。

**31. 马庆钰**（国家行政学院公共管理教研部副主任）

理论界应推动厘清“实慈善”与“虚慈善”的区别，“实慈善”一定是来自个人意愿加私人腰包的慈善，而非来自所谓的“国库慈善”或“国企慈善”。除了国际援助有点政府间的慈善味道外，国家共同体内的国库和国企只是履行国家义务而绝不是慈善义举。由此观而言之，中国的“实慈善”文化仍然路漫漫兮，中国的官办“虚慈善”改革仍然道修远兮！

**32. 米辉波**（威盛信望爱公益基金会秘书长）

公益慈善事业的发展需要文化、法律、政治等基础支持。希望 2016 年慈善法的出台对行业的健康发展能起到积极的推动作用。大众的公益慈善意识需要进一步的提升，人的价值实现不但需要“经济价值”，更需要“社会价值”。慈善不是施舍，是帮助有需要的人。公益组织的运作在逐渐透明、公开的同时，也需要让民众、捐资人、慈善家、监管部门了解并明白一个道理：公益慈善事业像任何商业机构一样，需要高效的运作；需要职业经理人来管理，他们不是慈善家，他们需要得到应有的待遇。公益慈善机构更需要具有领导力、执行力、管理能力的团队。

**33. 牛根生**（蒙牛集团创始人，老牛基金会创始人、荣誉会长，中国慈善联合会副会长）

慈善大时代正在到来！五大趋势：一是主体大众化，人人慈善的大气候逐渐形成，企业家兼职慈善家成为路标。二是范围全球化，慈善对象超越国界，慈善组织结成跨国联合体。三是工具互联化，“互联网 +”深入慈善领域。四是内容跨界化，既可以用非营利模式做慈善，也可以用回报模式做慈善。五是机制生态化。慈善生态圈正在形成。

**34. 彭建梅**（中国慈善联合会执行秘书长）

人们唯有心中生起大爱，生命的苦难才会终结。而慈善就是唤醒我们心中大爱的阳光。2017 年，唯愿我们每一个人都有机会结善缘，做善事，并获得爱的力量！唯愿中国慈善联合会凝聚更多慈善力量，架起更多慈桥，开通更多善路！

**35. 彭翔**（安利公益基金会秘书长）

公益是一片新蓝海，未来充满想象的空间：第一，公益正在成为每个人的“标配”，参与公益的意愿、机会、方法、渠道越来越多；第二，公益生态的多样性将迎来爆发期，商业管理手段推动行业成长，金融手段带来资金支持，社会企业推动跨界合作，新人才、新技术、新方法的注入为公益创造更多可能；第三，公益江湖将出现更多交锋和激战，新的创新挑战传统，思潮和观点不断碰撞，将给行业带来一番新气象。

**36. 丘仲辉**（爱德基金会秘书长）

爱德基金会 31 年励精图治，锐意创新，在农村发展和城市服务两大领域做了很多工作。未来，爱德将秉持公益“始于明行、臻于明慧、达于明道”的理念，围绕治理促进社区协调发展，服侍推动教会社会服务，倡导推动行业健康发展，创新驱动事业多元发展，分享深化国际合作进程，完善机构能力建设等方面，为实现生命更丰盛、社会更公正、世界更美好的机构愿景孜孜不懈。

**37. 饶锦兴**（深圳社会组织研究院院长）

慈善法确立了以慈善组织为主体的慈善事业运行机制，配套法规和执法能力决定着这部法是否能够真正有效促进中国慈善事业健康发展。尤其是在非营利组织法人属性没有民法典界定和公益性界定、缺乏科学标准的前提下，对非慈善组织参与公益事业的合法性认定就成为巨大难题。中国进入真正依法行善的时代还有待于整个法治环境的改善，而规范行政行为恰恰是当务之急。

**38. 荣道清**（成都市慈善总会秘书长）

跨界融合、多元推动、全面慈善、人人参与是未来慈善事业发展的新趋势。面对国际国内复杂的政治经济形势，各种社会矛盾日益显现，需要我们慈善从业人员不断分析各种新情况、新问题，充分运用互联网和多媒体技术，努力实现政府和社会组织之间、社会组织和企业之间的跨界融合，促进经济社会的全面发展。

**39. 孙洁**（对外经贸大学保险学院副院长、教授）

希望慈善扎根在广大民众中，为和谐社会构建、为民众排难解困、救困济贫，做更多的工作。

**40. 谭玉平**（新华网党委副书记、工会主席）

2016 年对于中国公益慈善事业来说是硕果累累的一年。这一年，慈善法颁布实施，首批互联网募捐信息平台正式亮相，社会捐赠总量接近千亿元……这一切，都在中国公益慈善事业的历史上写下浓墨重彩的一笔。新旧相推，日生不滞，我们满怀收获送走 2016 年，充满期待进入 2017 年。2017 年，更要砥砺前行，撸起袖子加油干，让善举成为前行的力量！

**41. 陶鸣**（中华思源工程扶贫基金会常务副秘书长）

2017 年，我国打赢脱贫攻坚战驶入快车道，精准扶贫、稳定脱贫是慈善事业的主旋律。政府力量及慈善组织将在这一年进一步优化整合资源，并且从教育扶贫、医疗扶贫、产业扶贫、社会救助等方面，推动我国扶贫事业健康发展，为实现 2020 年扶贫开发总目标夯实基础。

**42. 陶斯亮**（北京爱尔公益基金会创会会长）

慈善法的颁布实施令中国的慈善事业在 2016 年启航，迎来发展机遇。现代慈善的特点是社会化、开放性、广泛性和公正性，慈善法为此提供了动力和保障。由社会各个阶层构建的慈善公益力量将发挥越来越广泛而重要的作用，希望每一位慈善事业的参与者将“尊重”作为行为准则，将“爱心”化为行动能力，将“希望”植于困难群体，用心履行对社会和公众的承诺。

**43. 涂猛**（资深公益人）

2017 年，《基金会管理条例》修订颁行、社会治理依法运行值得期待。官办基金会的去行政化、浴火重生值得期待。企业基金会散财有道、资源传递自上而下值得期待。社区、专业、本土的“草根”组织迅速成长，与官办、企业基金会的拥抱值得期待。

**44. 万伯翱**（北京爱心万里公益基金会理事长）

慈善，指的是慈爱、善良、仁慈、富有同情心。慈善法的出台是中国社会进步的一大标志，慈善行业的发展是社会发展的必然趋势，要顺应人民群众的新期待和时代进步的新要求。2017 年，爱心万里公益基金会也会不断创新务实，积极响应习总书记“精准扶贫”的号召，为我国慈善事业贡献自己的一份力量。

**45. 王爱平**（中国慈善联合会副会长兼秘书长）

慈善事业是体现人性光辉的壮美事业。通过参与慈善、传递爱心、践行公益，慈善可以成为民众的情怀，可以成为人人相爱、人人相助的社会风尚，可以成就人类共同追求的大同世界。让慈善的暖流温暖我们的社会，温暖全世界。

**46. 王超**［救助儿童会（英国）中国项目首席代表］

2017年必将成为世界变革的分水岭，对中国的社会发展也是如此。对社会组织而言，无论是中国的，还是境外的，是时候掉转镜头，内省自身，放下自我，才能真正感知、融入和创造正在不断向我们呈现的未来。

**47. 王健林**（万达集团董事长、中国慈善联合会副会长）

创新是社会进步、企业发展的动力，做慈善也要不断创新，与时俱进。通过创新慈善思维、慈善模式、慈善方法，不仅授人以鱼，更授人以渔，让慈善阳光温暖真正需要帮助的人。

**48. 王万民**（郑州慈善总会常务副会长、秘书长）

“依法而行　创新发展。”2017年，郑州慈善将以学习宣传慈善法为动力，以“八个创新”深入开展工作。即创新社会管理，培育慈善组织；创新激励机制，推动政府扶持；创新募捐体系，依法开展募捐；创新救助机制，重视精准扶贫；创新宣传模式，弘扬慈善文化；创新志愿服务，壮大志愿队伍；创新透明方式，增强组织信誉；创新内部管理，强化服务意识。

**49. 王振滔**（奥康集团有限公司董事长）

六十年一甲子、三十年一大运。爱是一个时代的主旋律，爱是一个国家的新动力。未来的中国，是一群正知、正念、正能量人的天下，也是发展慈善事业的黄金时期。“慈者，爱也；善者，心也。”慈善不是有钱人的专利，而是有心人的专利。在新的一年，我将用心经营好人生的终身事业——王振滔慈善基金会，为中国慈善事业积蓄能量，让爱心接力传遍祖国大地，让良知之火闪耀大江南北。向上向善，因爱同行。让爱的阳光洒满华夏大地！

**50. 徐本亮**（上海市慈善教育培训中心副主任）

社会组织亟待补齐四个“短板”。社会组织好比一辆汽车，必须有四样东西：方向盘——使命；发动机——公信力；两对轮子——营销（做项目）和创新，缺一不可。社会组织的生存发展，一定要有使命、公信力、成果和创新。但是今天中国有多少社会组织同时有这四样东西呢？这就是问题所在，也是社会组织发展的痛点。通过有效的能力建设补齐“短板”迫在眉睫。

**51. 徐永光**（南都公益基金会理事长、中国慈善联合会副会长）

科技创新带动市场创新进而引发的社会变革，将给世界带来万年未有之大变局。公益市场的有效性与互联网的共享性，公益与商业的融合，慈善法的实施，供给侧结构性改革的深化，要求公益慈善必须进行思想变革、模式创新、规模化扩展和主体性提升。公益慈善组织是在星移斗转中向死而生，还是在石火光阴中灰飞烟灭？这是 2017 年的思考，亦是可能发生的景象。

**52. 杨锦麟**（锦绣麒麟文化传媒创始人）

2017 中国慈善事业的关键词：变、应。

这是个“变”的时代，不确定的年代，一切都瞬息万变，这种“变”也许是颠覆性的。如何才能变得更好，而非更坏？

慈善事业的从业者，大历史的参与者和推动者，不能想当然于“应该”，而要“应对”变化之势，要勉力于“应为”之事。

**53. 杨澜**（北京阳光未来艺术教育基金会理事长、中国慈善联合会副会长）

春风化雨，大爱无疆。

**54. 杨钦焕**（深圳市社会公益基金会秘书长）

伴随着慈善法的实施和现代慈善的崛起，2017 年原地方性公募基金会面临三大转型趋势，一是慈善基金的信托化，满足捐赠人对捐赠财产意愿表达和保值增值的关切，引入或增强受托人服务意识；二是项目资助的创投化，不仅关注资金的直接使用成效，还要采取更多措施帮助受资助组织的成长；三是服务领域的社区化，关注点将从潮流性的宏大社会议题，转向本土社区或特定社群的生存和发展。

**55. 杨勋**［真维斯国际（香港）有限公司董事长］

随着 2016 年 9 月《中华人民共和国慈善法》的正式施行，将把整个中国的公益慈善事业和社会治理推向一个新的时代，是具有里程碑意义的重大事件。随着我国慈善氛围的改变，越来越多的企业都在积极履行企业社会责任，而真维斯则希望做得更多、走得更远。我们坚守“穷则独善其身，达则兼善天下”的企业理念，希望借此机会与真维斯有共同理念的朋友，共同推进全社会对公益慈善的关注，激发全社会的公益慈善热情！我相信，有企业的参与、社会的关注，爱心将更有力量、社会将更加和谐美好！相信 2017 年中国的慈善事业，必将迎来新的繁荣与发展。

**56. 易思来**（华民慈善基金会理事）

新年伊始，总会有某些美好的期待，中国慈善的发展已不止一次地超出了人们期待。作为新生代的“80 后”“90 后”，我们不会满足于期待和憧憬，而会以实际行动去推动和实现慈善事业的发展和进步，让中国慈善事业发展呈现更多的奇迹与惊喜。世界的美好是属于我们的，让世界更美好的使命与责任也是我们的，让我们在新的一年里继续 Fighting！

**57. 于准**（英国驻华大使馆文化教育处一秘）

我希望 2017 年是中国慈善事业的国际年，也是中国慈善组织积极和深入开展国际合作的一年。随着“一带一路”的推进，慈善组织不仅能扮演民间外交的角色，还可以作为“第三部门”与政府和市场良性互动。不但要“走出去”，在“引进来”方面也希望保持开放和开明的态度与政策，以促进更好的双向交流。在大国崛起的今天，慈善事业将是中国“软实力”的重要组成部分。

**58. 翟雁**（北京惠泽人公益发展中心理事长）

“专业志愿者跨界引领慈善创新。”2016 年中国慈善法治之门开启，极大地推动了社会各界特别是商业力量参与公益慈善。2017 年中国公益慈善最大的创新将会来自于慈善领域之外的社会新阶层，即由商业专业人士所携带的新技术和智能，以跨界模式去挑战和解决社会问题。公益慈善领导力将呈现老中青多彩纷呈的局面，公益组织在原有的慈善组织之外出现诸如社会企业、创客团队、社会实验室、慈善金融和慈善投资人等多样化的形态。

**59. 张建伟**（中央财经大学社会保障系主任、副教授）

随着中国慈善捐赠总量和大额捐赠不断增加，慈善资产保值增值的诉求日益强烈，既要充分发挥慈善法激活慈善信托带来的政策利好，满足家族传承财富与精神的双重愿望，又要大力促进慈善与金融的协同创新，开创新型金融产品与服务，扩大税收优惠政策实施范围，培养兼通慈善与金融的复合型人才。

**60. 张俊石**（浙江爱彼此公益基金会理事长）

2016 年慈善法开启了慈善行业发展新契机，在今后一段时期内，慈善发展状况将呈现以下几方面特点：（1）募捐以每日行善和碎片化投入为特征，开启全民参与，普及慈善理念，扩大募款范围。（2）帮扶目标更精准，导向更偏公益性，以常态化形式孵化出有影响力的项目。（3）互联网技术得到更广泛的应用，组织透明度更高，捐赠人信任指数提升。（4）职业化成为组织发展核心动力，经过专业培训与项目锤炼，推动行业健康发展。

**61. 张凌霄**（京师律师事务所主任）

长期以来，中国慈善事业存在不少问题，慈善意识淡薄、法制不健全等，但这一切都将在慈善法出台后逐步画上句号。慈善法是一部慈善事业的基本法，将会对慈善事业的有序发展提供有力的支撑！展望 2017 年，中国依法促善、依法治善、公益事业的春天来了！

**62. 张晓青**（中国慈善联合会战略部副总监）

慈善不仅要“美政”，更要“美俗”。2017 年，希望我们的慈善力量放低身段，在城乡社区、在最需要慈善服务的社会单元精耕细作，让慈善服务“飞入寻常百姓家”。希望更多的扶持政策、更多的慈善资源、更多的创新模式在基层社区生根发芽，使深埋在社区的群众需求得以满足，使百万计的社区组织破茧而出，让更多的社区居民体会到慈善的真正价值。

**63. 钟仁耀**（华东师范大学公共管理学院副院长、教授）

中国的贫困往往指物质上的匮乏，但人们心灵和精神上的问题日趋突出。因此，2017 年中国的慈善仅仅物质上的赠予是远远不够的，对儿童、老年人、残疾人、妇女等特殊群体更应该给予心灵和精神上的关爱，这是中国慈善事业未来长期坚持的一个主要方向。专业人士应该具有抚平心灵受伤者创伤的义务，大众更应该承担起帮助他们回归社会的责任，让每个特殊群体不仅过上物质上的小康生活，更应该使他们成为精神文化上的富有者。

**64. 周秉德**（北京大鸾翔宇慈善基金会创会会长）

中国人的乐善好施有着悠久的历史与传统，北京大鸾翔宇慈善基金会是由周恩来总理后代发起，意在继承与践行老一辈革命家为人民服务的精神。2017 年，我们会以习近平总书记所提倡的凝聚爱心扶贫攻坚为指导，通过我们的努力让更多的人发善心、存善念、行善事，借新春之风使社会更大同、更和谐。

**65. 周如南**（广州公益慈善书院执行院长）

2017 年中国的公益慈善将呈现出以下几个趋势。第一，规范化。依法治国原则在慈善领域得到贯彻，慈善活动、慈善募捐、慈善组织管理日益规范。第二，社区化。社区成为慈善持续发展的动力之源，也和基层治理结合在一起，社区基金会、社区资助和社区社会服务成为主流。第三，社会化。公益慈善日益回归民间，慈善募捐市场机制逐渐形成，各主体基于服务能力而非行政资本获得资源成为常态。第四，互联网化。“互联网 + 慈善”持续推动社会创新，各种新慈善形态不断涌现，慈善模式的迭代演化更为迅速。

**66. 周希俭**（中脉公益基金会主席）

2016 年，中脉公益基金会完成了 400 所朝阳卫生室（保健室）、18 所安全体验教室和 8 所中脉朝阳学校的建设；通过“安全自护嘉年华”活动为 45 万名孩子的健康、安全成长保驾护航；通过“家基金”“慈孝行”等项目，我们的志愿者为身处困境的儿童、老人和家庭提供服务 9218 小时，行程 32.7 万公里，帮扶了 275 个贫困家庭，发放救济金 729 万元；启动了“我 · 爱我女性健康工程”，积极关注女性健康。2017 年，中脉公益基金会将继续围绕“一老一小一发展”的核心战略，专业、专注、专情地投入公益事业，让爱越分越多！公益的路上我在，希望你也在！

**67. 朱剑敏**（碧桂园集团副总裁、广东省国强公益基金会理事长）

2016 年是中国慈善事业关键的一年，慈善法的颁布、实施，为慈善事业发展奠定了基础和强力保障，同时规范了慈善行为，对基金会开展慈善工作提出了新的要求和挑战。2017 年，碧桂园将秉承“对人好、对社会好”的企业精神，仰望星空、脚踏实地奋斗，积极参与国家脱贫攻坚行动，扎实推进教育扶贫、产业扶贫、技能培训，让贫困人口通过掌握一技之长，实现精准脱贫。2017 年，碧桂园将通过广东省国强公益基金会参与慈善事业，希望社会因我们的存在而变得更加美好。

**68. 宗庆后**（杭州娃哈哈集团有限公司董事长兼总经理）

2017 年，娃哈哈将脚踏实地做好自己的实业，为慈善事业添砖加瓦。我希望更多的有识之士能共同努力，壮大慈善事业，通过产业报国、精准扶贫，既要资助丧失能力的群体，更要帮助贫困地区投资、培育“造血功能”，让贫困人口通过辛勤劳动实现永久脱贫。也希望通过社会监督，让社会公众的每一份善心得到最好的表达，每一分善款都发挥最大的作用。

（本文摘编自 2017 年 1 月中国慈善联合会与新华网联袂发起的“2017 慈善趋势百人谈”与会人员的发言，发言人按姓氏拼音排序）

# 慈善法
## 若干焦点问题解读

蔡人俊

### 引言

2016年3月16日，《中华人民共和国慈善法》经第十二届全国人民代表大会第四次会议表决通过，自2016年9月1日起施行。

慈善法从最初的提出到最终审定通过，经过多次修改和审议，其中涉及的慈善组织的登记认定和监督管理、慈善募捐的规范等问题，是社会大众比较关注的焦点问题。

## 一、关于慈善法的调整范围

法的调整范围是指法所适用的对象和领域。慈善法第二条对适用范围作了规定，即自然人、法人和其他组织开展慈善活动以及与慈善有关的活动，适用慈善法。根据这一规定，从主体范围上看，慈善法的调整范围包括自然人、法人和其他组织，这一界定涵盖了目前我国所有的法律关系主体类型，意味着所有社会主体从事慈善活动均受慈善法的调整；从活动范围和领域上看，慈善法调整慈善活动以及与慈善有关的活动。这里的核心问题在于如何准确理解“慈善活动”的概念。

### （一）慈善活动与公益活动的区别

根据慈善法第三条的规定，慈善活动是指自然人、法人和其他组织以捐赠财产或者提供服务等方式，自愿开展的扶贫、济困和救助自然灾害等方面的公益活动。这一规定为慈善活动的界定提供了基本的法律依据。

从慈善法关于慈善活动的概念可以看出，慈善活动是公益活动的一种。“公益”又称“公共利益”，如何界定公共利益是一个非常复杂的问题，理论上也有各种各样的标准。从慈善法的角度来看，“公益”概念的界定主要着眼于某一活动的目标有利于公共利益的实现。公共利益是相对于个人利益和团体利益而言的。从行为人行为的利益指向看，可以分为“利己”“利他”和促进公共利益这三种类型。某一活动的目的在于实现某一个体（无论是自己还是他人）或者某一特定团体的利益的，其不属于公益活动。慈善活动应当是有利于实现公共利益的活动。

慈善活动是公益活动的一种，意味着并非所有的公益活动都是慈善活动。两者的区别，主要在于活动方式的不同。根据慈善法第三条的规定，慈善活动是“以捐赠财产或者提供服务等方式”自愿开展的公益活动。“捐赠财产”和“提供服务”是开展慈善活动的两种方式，这也就是人们通常所说的“有钱出钱”“有力出力”。“捐赠财产”或者说“有钱出钱”的概念一般容易理解，为开展慈善活动捐赠的财产可以是任何有形或者无形的财产，既可以是实物，也可以是股权、知识产权等无形财产。何谓“提供服务”，根据慈善法有关慈善服务一章的界定，是指“慈善组织和其他组织以及个人基于慈善目的，向社会或者他人提供的志愿无偿服务以及其他非营利服务”。根据这一界定，慈善活动定义中的提供服务不宜作广义和过于宽泛的解释，其主要指的是提供“志愿服务”以及作为慈善财产管理和使用的延伸的其他慈善服务。志愿服务是一种无偿服务，一般是指志愿者组织、志愿者服务社会公众生产生活和促进社会发展进步的行为，即任何人志愿贡献个人的时间及精力，在不为任何物质报酬的情况下，为改善社会，促进社会进步而提供的服务。尽管从提供服务的利益指向上看，志愿服务是为实现公共利益，但是志愿服务一般来说应当有明确的服务指向。比较典型的，如某志愿服务组织组织大学生上门为孤寡老年人提供家政服务，某青年志愿者组织为城市运动会提供参赛运动员引导服务等。作为慈善财产管理和运用的延伸的慈善服务，主要是指为了实现慈善目的，将慈善财产转化为对受益人的服务，即通常所说的实现慈善目的的“最后一公里”。例如将捐赠资金用于养老服务，这里的养老服务即属于慈善服务。

慈善服务的上述特点使其区别于一般的公益服务。例如，有些公益服务是以智力成果服务于国家各项建设事业的发展，但并非是以捐赠财产或者提供慈善服务的方式进行，其尽管有利于实现公共利益，但并非慈善活动。

在慈善法起草过程中，立法机关对慈善活动的范围界定同样采用了“大慈善”的概念，按照起草部门的说明：慈善有广义和狭义之分，“小慈善”指的是扶贫济困救灾，“大慈善”的含义还包括促进教育、科学、文化、卫生、体育事业的发展，环境保护等等，只要有利于社会公共利益的活动都属于慈善。从最终出台的慈善法规定来看，基本维持了草案关于“大慈善”范围的规定。

### （二）慈善法与公益事业捐赠法、红十字会法等相关法律的关系

从我国现有法律看，涉及慈善活动的相关法律有公益事业捐赠法、合同法、信托法和红十字会法等。这些法律大都对慈善活动的某一方面或者某些特殊主体作了规定。就慈善法与公益事业捐赠法、合同法的关系来看，公益事业捐赠法主要对向公益性社会团体和公益性非营利的事业单位捐赠财产，用于公益事业作了规定；合同法规定了赠与合同一章。这两部法律与慈善法中有关慈善捐赠一章的内容有重合和交叉的地方，两者并行不悖，在各自的调整范围内继续适用，尤其是公益事业捐赠法对政府接受捐赠等特殊事项的规定，仍然继续适用；对两者不一致的内容，慈善法出台后，按照新法优于旧法的原则，适用慈善法。就慈善法与红十字会法的关系而言，按照红十字会法的规定，中国红十字会是从事人道主义工作的社会救助团体。红十字会在从事人道主义工作过程中所开展的公开募捐等活动，从其性质上来看属于慈善活动的范围，红十字会法中未作特殊规定的，应当适用慈善法的规定；有特殊规定的，按照红十字会法的规定执行。同时考虑到红十字会组织的特殊性，红十字会依法申请认定为慈善组织或者下设基金会等慈善组织的，应当适用慈善法的规定；红十字会未申请认定为慈善组织的，其经费管理、财产使用和社会监督方面的活动原则上应当适用红十字会法的规定。

## 二、关于慈善组织的登记、认定和管理

### （一）慈善组织的登记和认定

慈善组织的登记和认定，即什么样的社会组织属于（或者说能够成为）法律意义上的慈善组织，并享受国家相应的政策鼓励和扶持措施，是推动慈善事业发展的关键环节，也是慈善法重点要解决的问题。慈善法采用了慈善组织“登记”与“认定”两套并行的制度，对新设立的慈善组织采用登记制度，而对已经成立的社会组织符合慈善组织条件的，采用认定制。

从一般法律用语的角度分析，“登记”旨在创设一种新的法律人格或组织形式（如有限责任公司、合伙、基金会），而“认定”侧重于界定某一组织本身的属性

（如小微企业、非营利组织）。登记制度的目的在于规范社会组织的内部结构，为社会组织的规范运转提供法律要求和指引（典型的如要求重大事项须经会员代表大会通过、设立监事会或监事等）；属性认定制度的目的在于因社会组织宗旨、服务对象的不同（互助或公益，扶贫救灾还是促进体育事业发展），国家根据政策导向给予不同的鼓励和扶持。从慈善事业发展的角度看，创设“慈善组织”的目的在于从大量的社会组织当中筛选出一部分来，给予特殊的税收优惠等方面的扶持。

慈善法之所以对新设慈善组织采用登记制度，是基于我国现行社会组织管理制度的现实考量，是为了着力破解我国社会组织登记难的问题。在慈善法出台之前，按照我国的社会组织双重管理体制，成立社会组织，需要事先取得主管部门的同意后，再向登记管理机关申请社会组织登记。一些拟成立的社会组织往往由于找不到相应的业务主管部门而难以成立。为促进社会组织发展，鼓励更多的社会组织从事公益慈善活动，党的十八届三中全会通过的《中共中央关于全面深化改革若干重大问题的决定》中明确提出“重点培育和优先发展行业协会商会类、科技类、公益慈善类、城乡社区服务类社会组织，成立时直接依法申请登记”，决定对慈善组织的直接登记提出了明确要求。慈善法中规定设立慈善组织实行直接登记制度，即设立慈善组织可以向登记主管机关直接申请设立登记，而无须事先取得主管部门的同意，有利于简化慈善组织设立程序，促进慈善组织发展。尤其是在我国当前社会组织立法尚不完善的情况下，通过慈善法明确慈善组织的直接登记制度，有利于在一定程度上破解当前社会组织登记难的问题。

需要说明的是，尽管慈善法中采用了慈善组织登记的制度设计，但这并不意味着慈善组织是一种独立的社会组织形式。根据我国目前的社会组织发展现状，社会组织包括基金会、社会团体和民办非企业单位（社会服务机构）这三种形式。这一点在慈善法中同样得到了确认，即慈善法第八条第二款规定的“慈善组织可以采取基金会、社会团体、社会服务机构等组织形式”。慈善组织可以采取上述三类社会组织形式中的任何一种形式，但是现有的三类社会组织想要成为慈善组织的话，需要按照慈善法的规定申请认定为慈善组织。新的社会组织想要成为慈善组织的话，需要首先登记为三类社会组织中的某一类别，同时登记为慈善组织；社会组织登记和慈善组织登记的过程应当合二为一，同时完成。

从慈善法规定的内容来看，立法通过明确慈善组织的设立条件和程序，鼓励兴办慈善组织。一是规定设立慈善组织，应当向县级以上人民政府民政部门申请登记，民政部门应当自受理申请之日起30日内作出决定。符合本法规定条件的，准予登记并向社会公告；不符合本法规定条件的，不予登记并书面说明理由。二是鼓励更多的非营利组织从事慈善事业。根据慈善法规定，已经设立的基金会、社会团体、社会服务机构等非营利组织，可以向其登记的民政部门申请认定为慈善组织，民政部门应当自受理申请之日起20日内作出决定；符合慈善组织条件的，准予认定并向社会公告；不符合慈善组织条件的，不予认定并书面说明理由。三是明确慈善组织的设立条件。慈善法对慈善组织应当符合的条件作了明确规定，其中包括以开展慈善活动为宗旨、不以营利为目的、有自己的名称和住所、有组织章程等。四是规定了慈善组织的组织形式、登记管理等具体办法由国务院规定。

慈善法将慈善组织的认定作为解决慈善法实施后的一项过渡性措施。慈善法第十条第二款中规定，慈善法公布前已经设立的基金会、社会团体、社会服务机构等非营利性组织，可以向其登记的民政部门申请认定为慈善组织。按照这一规定，能够申请认定的慈善组织，仅限于慈善法公布前已经设立的基金会、社会团体和社会服务机构等非营利性组织。慈善法公布后新设立的社会组织不存在认定为慈善组织的问题。新设立的社会组织拟从事慈善活动的，应当在申请社会组织登记的同时，按照慈善法的规定申请登记为慈善组织。

### （二）慈善组织的监督和管理

为了加强对慈善活动的管理，慈善法从强化信息公开、加强慈善组织内部治理结构、规范慈善财产管理使用和构建行政监管、行业自律、社会监督相结合的监管体系等多个方面进行了规定。目的在于提高慈善组织的公信力，增强慈善活动透明度。对慈善活动进行规范，是为了净化慈善环境，为了使慈善事业更好地发展。从慈善法的规定来看，主要有以下方面的内容。

1. 规范慈善组织内部治理

慈善组织应当根据法律、行政法规以及章程的规定，建立健全内部治理结构，明确决策、执行、监督等方面的职责权限。在具体内容上，慈善法作了如下规定：一是规定慈善组织应当执行国家统一的会计制度，依法进行会计核算，建立健全会计监督制度，并接受政府有关部门的监督管理。二是要求慈善组织履行年度报告义务。目前，根据有关行政法规的规定，民政部门对社会组织采取年检制度。根据简政放权、放管结合的要求，慈善法规定，慈善组织应当每年向其登记的民政部门报送年度工作报告。三是为规范慈善组织与管理人员的关联交易行为，慈善法规定，慈善组织的发起人、主要捐赠人以及管理人员，不得利用其关联关系损害慈善组织、受益人的利益和社会公共利益；与慈善组织发生交易行为的，不得参与慈善组织有关该交易行为的决策，有关交易情况应当向社会公开。四是规定慈善组织不得从事、资助危害国家安全和社会公共利益的活动，不得接受附加违反法律法规和违背社会公德条件的捐赠。五是明确慈善组织剩余财产处理原则。慈善法规定，慈善组织清算后的剩余财产，按照慈善组织章程的规定转给宗旨相同或者相近的慈善组织；章程未规定的，由民政部门主持转给宗旨相同或者相近的慈善组织，并向社会公告。

2. 强化慈善组织的信息公开义务

信息公开是规范慈善组织行为的重要抓手。要增强慈善组织公信力，把慈善事业做成人人信任的“透明口袋”，就必须要求慈善组织定期向社会公布有关信息。慈善法对此规定了以下内容：一是信息公开的内容。规定慈善组织应当向社会公开组织章程和决策、执行、监督机构成员信息以及国务院民政部门要求公开的其他信息；慈善组织应当每年向社会公开其年度工作报告和财务会计报告。具有公开募捐资格的慈善组织的财务会计报告须经审计。慈善信息公开应当真实、完整、及时。二是慈善法针对慈善组织开展公开募捐和定向募捐的不同情况，明确规定了信息公开的对象、内容及其程序。慈善法规定，慈善组织应当定期公开向社会公众募捐情况和慈善项目实施情况；慈善组织开展定向募捐的，应当及时向捐赠人告知募捐情况、募得款物的管理使用情况。三是向受益人公开相关信息。慈善法规定，慈善组织应当向受益人告知其资助标准、工作流程和工作规范等信息。为了保护捐赠人和慈善信托委托人的隐私，慈善法规定，捐赠人、慈善信托的委托人不同意公开的姓名、名称、住所等信息，不得公开。

## 三、关于慈善募捐的规范

### （一）规范的必要性

慈善募捐是慈善活动的重要环节，是慈善组织募集慈善财产的主要方式，也是其开展慈善活动的前提和基础。

慈善募捐是慈善法规范的一项重要环节和核心内容。从慈善事业的历史发展轨迹来看，在早期，慈善募捐是一切社会组织和个人均可开展的一项活动，属于自发自愿的行为。随着现代慈善事业的发展，一些国家和地区逐步对慈善募捐加以一定的规范和管理。从我国情况看，当前慈善事业发展中存在的一些问题，与慈善募捐法律制度不完善有很大的关系：一方面，享有慈善募捐资格的主体尤其是具有公开募捐资格的主体过窄，限制了更多的社会组织参与慈善活动。按照我国现行有关法律、行政法规的规定，享有公开募捐资格的主体主要限于红十字会、慈善会和公募基金会，目前全国大概不到5000家。另一方面，当前慈善领域出现的某些乱象也与慈善募捐行为不规范有很大关联，尽管合法的募捐主体范围有限，但是在实践中，不少社会组织以及个人，无论其是否具有公开募捐资格，有时却在开展形式多样的公开募捐活动。如某报社通过其公开发行的报刊刊登消息，呼吁广大读者为某灾区儿童或者某重病患者捐款，某些个人通过网络呼吁广大网民为遭受意外或者特殊困难的亲朋好友捐款。这些行为本身从道德层面来看有其正当性，但是考虑到现代慈善事业发展的客观规律和趋势，需要加以一定的引导和规范。尤其是在当前我国慈善事业发展尚属起步阶段，全社会慈善资源相对有限的情况下，对慈善募捐（尤其是公开募捐）实行准入制度，有利于最大限度地聚合慈善资源，充分动员全社会的力量参与慈善活动。此外，在我国当前诚信体系欠缺的大环境下，一些不法组织或者个人利用社会公众的善心，通过发布虚假的募捐信息，诈捐、骗捐的现象时有发生，更是需要通过立法加以约束和规范。

慈善法规定，慈善组织自登记成立之日起可以开展定向募捐；慈善组织登记满两年，可以申请公开募捐资格。根据这一规定，一是慈善募捐是慈善组织的专属活动。慈善募捐作为慈善活动的一个核心环节，由于其涉及公共资金的募集和管理，只能由慈善组织来实施。二是慈善募捐应当服务于慈善宗旨的实现。三是慈善募捐是一种募集财产的活动。即通过设置募捐箱或者通过广播、电视、报刊、互联网等媒体发布募捐信息，劝导社会公众向慈善组织捐赠款物的行为。

### （二）慈善募捐的分类

慈善法将慈善募捐分为面向社会公众的公开募捐和面向特定对象的定向募捐。之所以进行这样的划分，主要是考虑到募捐对象不同，慈善募捐行为的社会影响以及因其不规范运行可能产生的社会危害性会有很大不同，对募捐对象的权利可能带来的影响或者造成的侵害也会有很大的不同。因此，在法律规范的程度、方式和方法上，有必要进行一定的区分。定向募捐由于只面向特定对象，与公开募捐比较而言，无论是其对象、数量还是其广度、社会影响上，都要小得多，募捐对象与慈善组织之间一般存在特定的关系，募捐对象对慈善组织往往比较了解，对其活动也便于监督，因此对其在立法上的规制也要相对宽松一些。而反观公开募捐，由于其面向社会公众，筹集的社会资金往往量大面广；单个的募捐对象对慈善组织的活动一般难以实施有效监督，这就需要在立法上施加更加严格的规范。

需要说明的是，由于"面向社会公众"与"面向特定对象"这两个概念本身的不确定性，公开募捐和定向募捐在实践中难免会存在一些模糊地带或者交叉的地方，需要结合个案加以分析和认定，以确定某一慈善募捐究竟属于定向募捐还是公开募捐。这里需要说明的是：一是定向募捐和公开募捐不能简单地以募捐对象的数量多少来划分。公开募捐由于面向社会公众，一般来说数量众多；定向募捐由于面向特定对象，一般来说数量有限。但是在某些情况下，一些表面上看起来对象有限的定向募捐实际上是公开募捐。例如某一慈善组织专门针对某一些富豪上门开展募捐，而这些富豪与该慈善组织之间没有特定的关系，既不是该慈善组织的发起人、理事会成员或者会员，也没有其他特定的利害关系。这种所谓的"定向募捐"即使其所针对的富豪人数十分有限，但仍然有可能构成公开募捐。又如，某高校设立的基金会针对其校友开展募捐活动，尽管其校友数量可能成千上万，但是由于校友与学校之间具有特定的身份关系，仍不属于公开募捐而属于定向募捐。二是公开募捐与定向募捐不能简单地以募捐方式来划分。慈善法第二十三条规定了开展公开募捐可以采取的方式，同时第二十九条明确规定开展定向募捐不得采取或者变相采取上述方式。这主要是考虑到慈善法第二十三条规定的募捐方式，其所针对的募捐对象是不特定的，采取这些方式开展募捐必然是公开募捐，因此不得为定向募捐所用。在实践中，有些募捐方式，例如义展、义拍、慈善晚会等，如果是面向特定对象的，同样可以为定向募捐所采取，而只有面向社会公众举办的义展、义拍、慈善晚会等，才属于公开募捐的方式。

### （三）慈善募捐与为特定对象募捐、个人求助的关系

根据慈善法的规定，慈善募捐是指为了慈善目的募集财产的活动。近年来，随着我国公民参与公益慈善事业的热情高涨，一些社会组织或者个人为了某一特

定对象开展募捐活动，公民个人通过媒体向社会求助的现象大量存在。一些事件甚至引起了社会各方面的广泛关注。如何看待这些现象，其是否属于慈善法调整的范围，各方面有不同的认识。实践中，由于募集财产的主体、方式和对象往往多种多样，如何正确区分慈善募捐和为特定对象募捐以及个人求助等行为，是一个较为复杂的问题。

从慈善募捐与为特定对象募捐的区别来看，慈善募捐是一种慈善活动，是服务于社会公共利益的一项活动。从这一角度来看，为特定对象募捐服务于特定对象的利益，不是为了公共利益，不属于慈善活动，自然也就不属于慈善募捐，不归慈善法调整。慈善法之所以对为特定对象的募捐活动不作调整，主要是因为为特定对象的募捐活动有明确的受益人，募捐的款物有明确的流向，一旦发生问题，实践中通过适用有关的民事法律法规也能够及时得以纠正，而一般不需要主管部门的介入和干预。

从慈善募捐与个人求助的区别来看，慈善募捐作为一种慈善活动，往往涉及捐赠人、慈善组织和受益人三方之间的关系；个人求助则一般只涉及求助人与被求助人之间双方的关系。尽管在个人求助的情形中，个人往往借助报刊、网络等媒体，但这些媒体如果仅是提供信息发布渠道，只是个人求助行为的帮助方，并不构成独立的第三方。因此，这种行为不属于慈善募捐。从个人求助所涉及的利益角度考虑，个人求助行为同样不涉及公共利益，不属于慈善法意义上的慈善活动。

需要说明的是，尽管慈善法不调整为特定对象募捐的行为和个人求助行为，但是这些行为仍然需要受到有关法律规范的调整。例如个人编造求助的事由行诈骗之实的，有可能构成刑法规范中的诈骗罪和治安管理处罚规范中的诈骗行为，应当承担相应的刑事责任或者治安管理责任。又如，为特定对象募捐的款物大大超出实际需要的，其剩余部分的处理应当依据相应的民事法律，如合同法中关于赠与合同的有关规定来处理。

（作者系全国人大常委会法制工作委员会社会法室处长。来源：《民政工作文选 1701》）

# 凭什么
# 社会企业不能分红

徐永光

**引言**

社会企业（英文：social enterprise）是从英国兴起的企业形态，目前并无统一的定义。概括而言，社会企业从事的是公益性事业，它通过市场机制来调动社会力量，将商业策略最大限度运用于改善人类和环境生存条件，而非为外在的利益相关者谋取最大利益。其投资主要用于企业本身或者社会。与一般其他私有企业不同的是，它不只是为了股东或者企业的拥有者谋取最大的利润而运作。

## 能否分红的左、中、右之争

社会企业在中国和其他国家、地区有什么不一样的地方？我想从社会企业投资分配模式的左、中、右三种观点来分析异同。

**美国：创新、务实、不争论。**全美一半以上的州通过共益公司（B Corp）法，通常要求企业必须在公司章程中声明企业的社会目标。大多数企业的社会目标通常与公共利益相关，如低收入人群保障、环境保护、公民健康、雇员福利以及科学艺术知识普及的教育等方面。它们在章程上有很多约束，约束自己的企业必须把社会目标放在第一位，这样对股东有约束，对管理者有约束，但美国700多家共益公司只有一家宣布不分配利润。所以利润之争在美国基本上不存在。

**英国：遭遇"资金黑洞"后向右转。**英国的社区利益公司（Community Interest Company）以前规定利润分配不超过35%，但是英国社会企业联盟2011年发布的《成长中的社会企业：社会复制调查》发现，社会企业遭遇了"资金黑洞"：因其商业特性，资助方不愿给予捐赠；因其特许经营社会特性，资本市场望而却步。最新发布的《2015年度英国社会企业调查报告》称：39%的英国社会企业认为缺乏资金支持是制约机构可持续发展的障碍，而主流中小企业受此困扰的只占 5%。

2014 年的时候我们和英国社会企业联盟一起召开了一个中英社会企业论坛，我在发言时讲到社会企业利润分配有左、中、右三派。英国社会企业联盟首席执行官彼得·布鲁克说，他以前主张中间偏左，现在是中间偏右。2015 年，英国政府取消了社区利益公司分红限额的规定。

英美社会企业均无特别的税收优惠，为什么英国和美国它们还要进行社会企业认证，而且是非常严格的认证呢？社会企业认证的价值在哪里？这是因为获得这个认证可以获得社会对它们的认可，消费者对它们的认可。这种背书对社会企业的发展是非常有利的，美国和英国的消费者愿意进行道德消费。

**中国香港：坚持“极左”十年后改弦易张。**香港社会企业总商会认证了 500 多家社会企业，但是“黑暗中的对话”这么好的个人投资却不被认定为社会企业，就因为它是规定了 35% 的利润可以分配。它们现在一年营收 2000 多万港元，真的做得很好。香港社会创业论坛主席谢家驹最近撰文指出：“过去十年来，不少非牟利组织创办的社会企业，在耗尽政府的资助后便难以为继。大量的事例证明，私人出资创办的社会企业比依靠政府资助的社会企业更具生命力，更能创造社会效应。可是，一直以来，私人创办的社会企业完全得不到政府方面的支持，两个政府出资创办的基金皆拒它们于门外。”但就在 2016 年，香港政府放宽了资助限制，终于决定采取以 35% 为利润分配上限的方式，于下一个财政年度开始接受私人社会企业申请政府资助。

由此可见，从全世界范围内来看，在“社会企业能否分红”的争论上整体是在向“右”转。尤努斯先生关于“社会企业不分配利润”的准则正在面临挑战。

**最后再来看看中国内地的情况：**

中国急需社会企业认证和税收优惠吗？我觉得目前不需要。因为国家产业政策鼓励发展的减免税企业和社会企业的领域基本是重合的。如高新技术企业，农业生产企业，教育、医疗、养老、环保企业，在“老、少、边、穷”地区新办的企业，新办的城镇劳动就业服务企业，福利工厂和残疾人就业企业等，这些领域都有减免税的政策。

中国社会企业要不要给自己贴标签呢？千万不要！因为在境外，企业经过严格评估获得社会企业认证后，会受到社会的青睐，但在中国，一旦贴上社会企业的标签，马上会被道德绑架，不得翻身。所以别贴标签，你想干什么就干什么，但别说自己是社会企业，也千万别说自己是做公益的。你就说自己是企业，是一个解决社会问题的企业。

## 天降大任于社会企业

如果我们把社会问题看成一个靶子，那些制造社会问题的企业，比如破坏环境、祸害员工、生产不安全食品等企业，就是最外环的无良企业。良知企业可以打到八环，比如现在的互联网企业，互联网企业已经和公益融在了一起。瞄准十环、解决社会问题的才是真正的社会企业。所以说社会痛点是社会企业与社会投资的靶心。

比如浙江绿康医院，2015 年我去这个医院时，1400 个床位一个空床都没有，甚至楼道上都有床位，入院老人平均年龄 83 岁，全部是失能失智的老人，这就是一个社会痛点。绿康医院针对“医院往外推、家庭难照料、社会有刚需、国家应担责”的老年特殊群体的服务难题，也基于发展老龄服务事业“政府有分工、部门各管账、九龙难治水、自己干不好”的政府公共服务管理困境，根据李克强总理提出的加大政府购买公共服务力度，建立惠而不费公共服务发展新机制的目标，赶上了政府“办事不操盘、财政重指引、服务社会化、惠民不费银”的改革好时机；走出一条国家政策指引、财政支持、专业机构运作和社会投资推动的“投资闸门开、民办公助兴、力排百姓忧、亦解政府难”的社会福利发展创新模式。

2006 年绿康医院刚创办时只有 25 个床位，到 2013 年融资之前是 700 个床位，投资一年以后 1400 个床位，2016 年已经有 6782 个床位，怎么会增长这么快呢？因为政府把花大钱建的养老机构转交给它们经营。宁波有一个养老公寓，上千套房子结果卖不动，宁波的地产商找到绿康医院，说免费给你们一栋楼，把绿康医院开进来。这个医院的牌子一挂，老年公寓全都卖光了。你做得好，还怕自己不能发展吗？

还有一家社会企业，创办者以前是一名警察，后来辞职，还参加了英国大使馆和我们合作的社会企业家技能培训。他做了一个社交软件，致力于为同性恋人群提供正面的引导和服务，现在全球的注册用户超过 2700 万，2015 年的估值是 18 亿元，2016 年已经完成“C+”轮的融资，以后很可能就要上市了，这是一个世界级的社会企业。

再比如，银泰农业将累计投资逾150亿元，通过“园区+企业+农民”的合作模式，在河北干旱山区建设若干个生态、高效、可持续发展的现代农业园区，把生态农业、创新扶贫和“从田间到餐桌”的安全食品供应融为一体，打造世界最大的影响力投资综合体。

这些中国的社会企业是解决中国特色社会问题的，包括食品安全、环境、教育、养老、医疗、社区服务等，这一类的事情也是国家提出的供给侧改革。我大胆预测一下，到2020年中国影响力投资的市场规模：养老产业8万亿元、医疗健康8万亿元、民办教育3万亿元、环保产业5万亿元、残疾人就业数千亿元、普惠金融数万亿元、扶贫产业数万亿元、有机农业数万亿元、家庭服务业数万亿元！这些都是我们社会投资的领域，也就是说中央提出的“补短板、惠民生”，属于供给侧改革调整的部分。

最后总结一下，社会企业解决的是什么问题：

政府有钱、有权、有责任，该做做不好；

NGO无钱、无权、缺能力，想做做不了；

企业有钱、有人、有能力，趋利不愿做。

（作者系南都公益基金会理事长、中国慈善联合会副会长、国务院参事室特约研究员。来源：南都公益基金会网站）

# 为什么扶贫几十年，穷人还是那么多

李小云

## 引言

有多少贫困人口和什么状态算是贫困，并不必然取决于客观上有多少真正的贫困人口，而在很大程度上取决于国家和社会在其政治经济的博弈中愿意承担多少道义的责任。

我从 20 世纪末开始研究贫困。家人、同事和学生常常问我，为什么扶贫这么多年，穷人的数量还那么多？对于我这个研究扶贫的人来说，这个问题既好回答也不好回答。可能很多人觉得政府扶贫的钱都被克扣了，或被挪用了甚至被贪污了。有人说，每年政府把钱分到穷人头上，他们就脱贫了；还有人说，给穷人钱，他们只会吃了喝了。对于贫困和扶贫每个人都有不同的看法和想法。所以回答这些问题是很难的。那么，为什么我们扶贫这么多年，穷人还那么多？

## 数字的迷思和穷人的命运

客观上讲，经过 30 多年的发展，无论是富裕群体还是贫困群体的生活水平都有了很大提高。我们不断地通过媒体获知新的贫困数据，不同时期的数据给了我们不同的印象。 有时候媒体报道说我们的贫困已基本解决，有时候又说我们的贫困人口还有几千万，甚至几个亿。大家迷糊了，自然就会产生很多的疑问。

实际上，贫困既是一个客观的现实，也是一个被政治再生产的产物。改革开放之前，从物质角度看，社会存在普遍的贫困。20 世纪 80 年代中期，政府开始实施扶贫战略，但因穷人太多，没有财力照顾到这么大的群体，只能选择其中最贫困的群体。如何知道哪些是最贫困人口？为此，中央政府制定了一个贫困线。1978 年的贫困线为农民年人均纯收入低于 100 元人民币。我不知道这一年 100 元相当于现在的多少。但是经过那个时候的人都知道，当时每个月 10 元钱可以维持基本生活。例如当时大学的助学金是每月 12 元。按照每人每年 100 元的纯收入，1978 年，中国的贫困人口数为 2.5 亿。1985 年，贫困线调整为 205 元，贫困人口减至 1.25 亿。1990 年贫困线又调整至 300 元，贫困人口减至 8500 万。在大家的印象中，20 世纪 90 年代贫困人口降到 1 亿以下。

1993 年国家实施“八七”扶贫攻坚，目标是到 2000 年解决 8000 万贫困人的温饱。“八七”扶贫攻坚结束后，国家宣布贫困问题基本解决。这留给公众的印象是我们没有贫困人口了。这一印象也是客观的。我们主观便能感觉，类似改革开放之前的普遍贫困现象的确有了很大的缓解。但是，贫困基本解决的结论是数字游戏。虽然 20 世纪 90 年代贫困线不断调整，2000 年的贫困线已达到了 625 元，但这更多的是因为物价上涨的调整。实际的标准并未提高很多，也就是说我们一直是按照极端低的贫困标准安排扶贫资源的投入。

2000 年，一人每年纯收入 625 元能过怎样的生活，在当时即使每年收入达到 1000 元也是不高的。在一个很低的贫困标准下，只要经济发展正常，贫困人口提高收入也比较容易，这样政府一方面可以减少投入资金，另一方面也容易通过数据宣传政绩。如果贫困线定得过高，一方面贫困人口太多，国家财力有限；另一方面按照高的贫困线，提高收入难度加大，政府业绩也不好体现。所以说，贫困人口的问题从一个客观的现实逐渐演化成复杂的政治社会再生产的产物。

长期维持低贫困线造成了公众实际认同和国家官方宣传之间的断层。由于采用低的贫困线，很多人口生活在贫困线之上，但仍处于非常贫困的状态。即使按照低的贫困标准，2000 年中国的贫困人口仍有 3200 万。2008 年，政府基于多方面的考虑，将贫困线调整为 1196 元，贫困人口增至 4000 万。

## 不同年份贫困标准线及贫困人口数统计

2012 年以来，新一届政府秉持到 2020 年全面建成小康社会理念，开始全面关注贫困问题，实施“精准扶贫”战略。如果按照原有的贫困线，有 4000 多万贫困人口，这个数据与实际情况出入很大。如不调整贫困线，一方面将影响政府的信用；另一方面到 2020 年全面建成小康社会之时，庞大的贫困群体的存在势必将给政府带来更大的效用问题。因此，政府决定大幅提高贫困线，按照 2011 年的价格，贫困线升至 2300 元，这次调整比较符合贫困的客观实际。

由于贫困线的大幅提高，贫困人口数量猛增到 1.24 亿。按此贫困线估算，那么，1978 年的贫困人口数应为 7.7 亿，而不是 2.5 亿，2000 年贫困人口数应为 4.62 亿。可见，公众的不解来源于不同时间贫困数字的变动，而非贫困人口实际增减的真实情况。穷人的命运在很大程度上受到了如何制定这个数据政治经济考虑的影响。如果你是处在贫困线以下的群体，就有可能得到支持，而处于线上的群体可能就被排除。那么有谁能认为人均年收入低于 2300 元以下的是穷人，而低于 2800 元的就不是呢？或者说，如果没有严格的记账统计、专业的调查，在农村如何知道谁家的收入究竟是多少呢？数据的游戏不仅产生了某种排斥，同时也产生围绕着谁是穷人的社会博弈。

## 中国对全球的减贫贡献很大

这里讲的数字的游戏并非要否定我们的减贫成就。按照世界银行估算的国际最新贫困线标准一人一天 1.99 美元计算，我们 1981 年的贫困发生率是 88.3%，而按照 2011 年我国 2300 元贫困线标准计算，1981 年的贫困发生率则为 90%，两者相差不大。到 2010 年，按照 1.99 美元计算贫困发生率下降到 11.2%，而按照中国新的 2300 元贫困线则下降到 17.2%。也就是说，如果我们按照全球的比较标准和中国新的贫困线估算，中国的贫困人口基本上从 80%~90% 都是贫困的状态减少到现在只有 11%~17% 的人口属于贫困人口的状态。这个成绩是很高的。

对于全球来说，中国减贫的贡献也是很大的。按照此前国际贫困线一人一天 1.25 美元估计，1981 年到 2005 年，全球共实现减贫 5.19 亿人口，也就是说在这 25 年中，全世界共有 5.19 亿人口的收入提高到一天 1.25 美元之上。但是如果把中国的减贫数据减去，全球的贫困人口反而会净增加 1.09 亿。国际社会一直都把全球减贫的成绩归咎于它们的努力，但是很多人都用这个数据来质疑这个结论。总的来说，中国减贫成果是中国人自己的成绩，国际社会的贡献是很少的，国际社会的援助对于减贫的贡献几乎没有。当然这也是数据的游戏。

## 那么，中国的贫困人口到底减少了多少

这个数据相信很多学者也无法估算。单就收入衡量的数据看，结合世界银行

的国际贫困线和我们最新的贫困线估算，从 1978 年到现在的 30 多年中，按照国际贫困线 1.25~1.99 美元计算，我们大概减少了 6 亿 ~7 亿贫困人口，估计存在 5000 万到 1 亿的贫困人口。这只是按照收入计算的估计。但如果考虑到多维度，如资产、教育、卫生和其他方面，贫困人口的数量则会更大。

## 贫困人口会消失吗

国家提出到 2020 年实现按现在扶贫标准下的贫困人口全部脱贫的目标。很多人问我，到时候就没有贫困人口了吧？这要看如何界定贫困了。如果目标是，到 2020 年年收入低于 2300 元的贫困人口标准，估计就没有穷人了！但是，贫困是个相对的问题。如果一个社会处于增长阶段，生活水平不断提高，处于底层的则永远是贫困群体。只不过贫困人群总是在变化，有的属于代际贫困，爷爷奶奶，爸爸妈妈到子女都是贫困；也有的今年处于贫困，过几年脱贫了；还有的现在富裕，过几年又贫困了。所以说，贫困是相对的，不会消失。衡量贫困的指标也会不断变化，过去吃不饱算贫困，现在吃不好、穿不好、住不好也算贫困。

只要人类社会的分化不消失，贫困就不会消失，因为社会分化和分层很难消失，所以贫困也就很难消失。有多少贫困人口和什么状态算是贫困并不必然取决于客观上有多少真正的贫困人口，而在很大程度上取决于国家和社会在其政治经济的博弈中愿意承担多少道义的责任。一般来说当届政府在结束其任期时往往为了其业绩形象可以根据现实考虑宣布消除贫困，而新一届政府也可以把消除贫困作为其业绩的内容而宣布贫困问题依然严重。所以从某种意义上说，贫困可以消除，可以减少，也可以增加。这在很多政府交替频繁的国家非常明显，好在我们是政府换届，国家的主体政治力量并无变化，一致性的政治利益决定了政府注重业绩的长远性的结果。

（作者系中国农业大学人文与发展学院原院长，国务院扶贫开发领导小组专家咨询委员会委员，中国国际扶贫中心高级顾问，中国国际发展研究网络主席。来源：微信公众号“南都公益观察”）

# 大时代需要 大智慧

郑功成

## 引言

如何真正树立“人类命运共同体”意识，重塑资本的价值，造就共享发展的世界，无疑是大时代关乎人类命运走向的重大主题。

我们已经处在一个大时代。背景是全球化浪潮不可逆转，大变革势头不可阻挡，各种文化的、制度的、技术的文明在比较与鉴别中相互交融，工业化、信息化、现代化进程明显加快，带来的是世界大格局的重构和全球治理时代的到来，最终将会实现人类文明发展的升华。在这个时代，资本以其活力充当了无可替代的驱动力量，而以互联网为代表的新媒介则构筑了跨界合作与深度融合的新式桥梁，全世界都在感受大时代带来的深刻影响，中国和一些发展中国家的快速发展更加证明了全球化是符合人类社会发展进步的方向。然而，英国公投“脱欧”，美国“特朗普现象”横空出世，一些西方大国出现的保护主义倾向，许多国家贫富差距扩大以及由此带来的普通民众不满情绪蔓延乃至局部地区的极端主义，表明全球化进程中的分裂与分离主义也在日益显性化，所揭示的不仅是资本主义与自由主义不会受到普遍欢迎，而且预示着人类文明发展进程不会是一条平坦的康庄大道。因此，大时代还需要大智慧。

在这样的时代背景下，卢德之先生所著的《论资本与共享：兼论人类文明协同发展的重大主题》一书，以探求人类文明发展的方向与路径为己任，堪称与大时代相呼应的智慧之作。这是他在多年研究并已出版《交易伦理论》《让资本走向共享》《论慈善事业》《资本精神——人类文明协同发展的力量》《走向共享》等著述的基础上，将其资本精神与共享理论系统化的标志，其意义不只是一种理论创新，更能为当今的社会实践提供行动指引。

在传统意识里，资本与共享存在着内在冲突，也很难调和。因为资本既能造血，更能吸血，必定追求效率与利润，需要利己；共享强调互利，突出普惠，必定追求公平与正义，需要利他。早期资本主义只顾利己的血腥资本积累，曾经引发无产者的激烈抗争，也催生了共产主义思潮与社会主义运动，导致民族国家的革命此起彼伏；后来随着强制性共享的社会保障制度等的建立与发展，资本的“恶”才受到相应的抑制，劳动者才能从发展成果中分享到一定的份额，社会则进入了相对文明的发展阶段，并在相当一段时期内赢得了稳定与繁荣。今天的经济全球化，造就了有利于资本自由流动的环境，资本主义加自由主义确实为物质财富的创造与积累提供了加速度，但因缺少共享发展的理念与行动，国家或地区之间、不同社会阶层之间的矛盾与冲突也在加剧，世界发展格局亦在调整中充满了曲折性。因此，如何真正树立“人类命运共同体”意识，重塑资本的价值，造就共享发展的世界，无疑是大时代关乎人类命运走向的重大主题。卢德之先生的著作，正是围绕这一重大主题，以开放、包容的胸怀将资本与共享融为一体，认定资本精神与共享发展是人类文明协同发展的共同价值，充分展示出了作者的深刻思考、独到见解与人文情怀。

卢德之先生推崇资本对财富创造与社会发展的贡献，强调资本是人类文明发展的物质基础，资本精神是人类文明发展的精神基础，也深刻地剖析了资本的“两面性”（即同时具有正能量与负能量），阐述了资本精神及其发展变迁，更赋予资本在当代社会的新追求，提出了让资本走向共享的共享资本观。这种主张因为强调对资本的综合治理和明确以共享为追求目标，显然超越了比尔·盖茨的慈善资本观和托马斯·皮凯蒂的新制度资本观，为资本“扬善弃恶”指明了更加明确、具体的方向。

卢德之先生是共享主义的信仰者。我曾多次听过他有关共享理念与共享主张的演讲，拜读过他赠我的相关著作，这次他将以往的思考结晶进一步凝练，在书中构建起了一个框架完整、内容丰富的共享主义理论大厦。他认为共享是东西方文明的源泉和最终归宿，主张资本应从被动共享走向主动共享。他将当今时代定位为资本与共享进入博弈发展的时代，共享被他列为人类文明发展的基本目标。他从历史脉络的梳理中归纳了共享的历史发展形态，提出现代共享理念是中华民族对人类文明发展的重大贡献，因为中国传统文明的核心是集体主义，而共享则是历史传承下来的重要或主要的民族基因。他还提出“共享能”与“共享场”的概念，构建了由共生发展观、共同价值观、共享财富观、现代治理观构成的现代共享核心价值体系，进而分析资本与共享的关系及资本走向共享的必然性，断定未来社会形态必定是共享发展的社会，强调要推进国内“协同共享”和国际“协同共享”，并提出了自己的方案，等等。尽管这些观点还可以更加深入、细致地展开论述，但能够立足现实，站在历史与未来、中国与世界交会处将共享理论如此系统化者，卢德之先生堪称第一人。

卢德之先生以善眼看世界，他始终认同人之初性本善，把存在于人的灵魂深处的道德理想叫作善，把其中终极的、普世的或者说共同的核心部分叫作至善。他指出，至善是个人对自己灵与肉的整体性超越，一个没有超越道德理想的人，一旦获得了财富，不但会穷奢极欲，而且会为富不仁。因此，他主张，人类社会理当为至善而创造财富，共享就是对至善的追求。因为慈善就是共享，书中还提出了 21 世纪的新慈善观，即以全球治理与全球共享为目标，以东西方文化融合为桥梁，以慈善方式来促进全球社会发展与进步，是人人参与、人人受益并可以实现参与感、获得感、尊严感、幸福感“四感统一”的一种全新的慈善形态。书中还阐述了如何发展 21 世纪慈善事业的主张，包括以道德引领慈善，以法律治理慈善，以富有亲和力、人见人爱的中国国宝——熊猫作为共享理念与全新慈善形态的形象代表，进而倡导全世界慈善人（“好人”）联合起来等。这些见解与主张，对推动中国慈善事业的健康发展，提升全球慈善领域合作水平并发挥其在全球治理中的独特功能，无疑具有极强的现实意义与国际意义。

我与卢德之先生的相识，缘起于对社会保障与慈善事业的共同热爱，更有对共享主义的强烈共鸣。我从 1985 年以来一直耕耘在社会保障领域，1994 年伴随中华慈善总会的诞生开始关注与研究慈善，而他在 20 世纪 80 年代初期就关注社会保障，在湖南推动着农村社会保障试验并撰写多篇调研论文、出版社会保障图书。后来虽然离开了社会保障工作岗位，却继续推动着慈善事业的发展。2014~2015 年，他多次参与我主持的《中华人民共和国慈善法》起草中若干重大问题专题研讨会，并奉献了许多真知灼见，为慈善立法作出了有益的贡献。2015 年 2 月，我们又一起和国内一批社会保障学者共同创建了中国社会保障学会。数十年来，无论他的身份如何变化，从政府官员到企业家再到慈善家，关注社会保障的情怀未变，推动慈善事业发展的初衷不改，实在难得。多年来，他更在资本与慈善领域不遗余力地倡导共享理念，在众多重要的国际国内会议或高端讲坛阐述自己的共享主张，而我也一直在推崇公平正义共享的社会保障核心价值观，并认为没有共享就没有社会主义，也不会有现代资本主义，强调法定社会保障与慈善事业分别作为强制性共享制度和自愿性共享机制，构成了实现共享的基本途径。因此，我们都是共享主义的信仰者。不仅如此，他还把“不当官、不留钱、不移民”视为实现个人真正价值的“三不”原则，创建了中国第一家原始出资额最大的非公募慈善基金会——华民慈善基金会，将己之所得源源不断地用于公益慈善事业，身体力行地践行着共享价值观，这在利己主义日益精致与泛滥的当今社会，特别具有正向的示范作用。因此，卢德之先生不仅是成功的企业家，也是出色的慈善家，更是新时代资本精神与共享理论的思想者、创新者和身体力行的实践者，从而是值得敬重的时代卓越人物。当今时代需要更多这样坚守理想、崇尚公益、追求正义、富有人文关怀情结的卓越人物。

还需要指出的是，我们生逢的这个大时代，既不是全世界无产者联合起来的时代，也不能只是全世界资本家联合起来的时代，而是需要在合理竞争与互利合作基础上推崇共享主义的时代。令人欣慰的是，卢德之先生孜孜以求的共享理念已经在中国国家发展战略规划中得到了充分体现，并不断内化为相关制度安排，正在深刻地影响着人们的思维方式与行动，相信它也必定能够成为得到广泛认同的全球治理的理论基石，引领人类社会沿着健康、文明、持续发展的轨道前进。

希望大时代能够有越来越多的共享主义同道者！

（作者系全国人大常委会委员，中国人民大学教授，中国社会保障学会会长。来源：《论资本与共享：兼论人类文明协同发展的重大主题》）

# 慈联动态

善良不是一门科学，而是一种行为。

——［法国］罗曼·罗兰

# 中慈联举办慈善宏观政策趋势研讨会

2017 年 1 月 10 日，中国慈善联合会（以下简称中慈联）学术委员会在京举办了慈善宏观政策趋势研讨会，来自政府部门的代表以及慈善领域的专家学者，围绕慈善法带来的政策变革以及慈善组织治理、慈善税收、慈善信托等行业重大议题展开讨论和交流。全国人大常委会委员、中慈联学术委员会主任委员郑功成主持会议。

中慈联执行秘书长彭建梅在致辞中表示，中慈联学术委员会的重要使命包含了参与政策制定、反映行业诉求，未来会继续发挥行业智库作用，开展重大课题的研究工作，发掘和培养青年慈善研究人才。

华民慈善基金会理事长卢德之认为，21 世纪的慈善将以全球发展为目标，以共享为最高价值，从而形成人人参与、人人享受的慈善新形态，而慈善组织则应成为 21 世纪全球治理的重要组成部分。

民政部社会福利和慈善事业促进司慈善和社会捐助处处长王萍介绍了目前全国已成功备案的慈善信托在资金规模、备案地域、使用领域等方面的情况，她表示未来民政部将与银监会联合出台慈善信托的管理办法，鼓励更多的慈善资源进入慈善信托领域。

中慈联慈善信托委员会主任委员、中国信托业协会首席经济学家蔡概还先生介绍了目前我国慈善信托的实践情况，他表示 2017 年会有更多信托公司开展慈善信托业务，其合作方式将趋向多元化。此外，发展慈善信托需要解决税收问题，以利于吸引大额财产设立慈善信托。

国家社会组织管理局基金会管理处副处长沈东亮简要分析了社会组织管理方面的一些政策趋势。他表示，在基金会管理等条例修订后，未来基金会登记成立的类型将不再区分公募与非公募；此外，普查式的年检制度将转变为年度信息公开报告加抽查审计的制度。

中慈联学术委员会副主任委员、北京大学法学院非营利组织法研究中心主任金锦萍围绕慈善税制改革趋势进行了分析。她认为，通过税收优惠将包括慈善组织在内的非营利性机构从一般法人机构中区分出来，这是民政部门对慈善组织加强监管的基础。

中慈联学术委员会副主任委员、浙江大学教授何文炯指出，慈善事业的发展应从“精英慈善”走向“大众慈善”，“大众慈善”的发展在于培育内在动力、采取有效的慈善活动载体和税收激励机制三个方面。

郑功成主任委员在总结中提到，慈善法出台后，全国各级配套法规政策都需要加快完善和落实，普法仍然是2017年的重要任务，中慈联学术委员会应该勇于担当起历史赋予的重任。

（曾玮、杨曼晖、金征）

## 中慈联和新华网共同发起“2017慈善趋势百人谈”

2017年新年伊始，中慈联与新华网联袂发起“2017慈善趋势百人谈”，邀请慈善界的有识之士，对中国和全球慈善发展趋势进行分析、预测与展望。

“2017慈善趋势百人谈”活动激发了行业和公众对慈善事业未来发展的畅想和动力，得到了新华网、人民网、《人民政协报》等主流媒体的报道，为新一年慈善工作提供了指引。

（金征）

## 王爱平书记参加民政部部管社会组织党建工作会议

2017年1月18日，2017年民政部部管社会组织党建工作会议在北京召开。民政部主管的社会组织的党组织书记、党员代表以及部分部管社会组织业务联系司局的相关人员参加了会议。民政部党组成员、社会组织管理局局长、民间组织服务中心主任詹成付出席会议并讲话。中慈联党支部书记、副会长兼秘书长王爱平代表中慈联党支部参加会议并作党建工作述职。

王爱平在述职中表示，2016年中慈联党支部认真贯彻落实党的十八大以来的新精神、新要求、新任务，认真贯彻落实中央办公厅《关于加强社会组织党的建设工作的意见（试行）》精神，重点在保证社会组织的政治方向，团结凝聚群众、推动事业健康发展，建设先进文化、服务人才成长和加强自身建设四个方面开展了工作。

（张晓青、金征）

## 中慈联举办境外非政府组织境内活动管理法培训班

2017 年 1 月 1 日起，《中华人民共和国境外非政府组织境内活动管理法》正式实施。为了帮助境外非政府组织顺利依法登记和开展活动，使境内慈善组织更好地依法与境外非政府组织开展合作，中慈联于 1 月 13 日在北京举办“境外非政府组织境内活动管理法培训班”。

本次培训由公安部境外非政府组织管理办公室副处长李超主讲，他向 150 多位学员详细介绍了该法的立法背景、过程、主要内容以及登记管理、活动备案、便利措施等法律实务问题。

（曾玮、金征）

## 中慈联举办“英国经验·慈善与社会治理”沙龙

2017 年 1 月 19 日，中慈联举办了“英国经验·慈善与社会治理”沙龙。其间，英国慈善委员会国际合作部经理 Robin MacGregor 和英国全国志愿组织联合会公共服务经理 Nick Davies，分别介绍了英国的慈善法规制度和慈善组织管理经验，并就政府与慈善组织如何紧密合作、平台型组织如何开展行业支持、英国慈善组织的税收优惠等议题进行了经验分享。

Robin MacGregor 经理表示，英国政府在慈善税收制度上，会对慈善组织的物业等税收进行 20%~80% 的减免或税收返还，对个人捐赠亦有补贴。目前，英国的慈善组织收入主要来源是提供服务收入、政府购买服务、个人捐赠和投资收益。

Nick Davies 经理指出，英国全国志愿组织联合会作为行业协会代表，发挥了桥梁作用，联结了慈善组织与政府部门。一方面，全国志愿组织联合会反映了行业诉求，指引了慈善组织的发展，如独立承担相关研究项目、构建慈善组织质量评估体系、对慈善委员会披露的慈善组织数据进行分析，通过专业性的研究来考察行业动态。志愿组织联合会定期发布指南文件、开展培训项目，以引导慈善组织规范化运作。另一方面，志愿组织联合会与政府部门密切合作，向政府部门提出建设性意见，致力于推动相关法律、政策的制定与实施。

（康娟）

## “竹林计划”慈善课题研究资助名单出炉

2017年1月4日，由中慈联与敦和基金会共同发起的“竹林计划”第二阶段——青年慈善学人研究资助计划完成评审。经过评审团分组评议与委员合议，最终有来自全国的60个课题脱颖而出，其中20个一类课题、40个二类课题获得资助。经过半年多的实施开展，“竹林计划”已成为青年学人在慈善领域开展研究的有力助推器。

“竹林计划”于2016年5月发起，支持全国40岁以下的青年学人开展慈善研究。11月初，“竹林计划”启动第二阶段——慈善研究资助项目报名申请，针对公益慈善文化、本土慈善理论体系、慈善法相关政策、慈善事业参与解决社会问题的实践模式、慈善事业的多部门合作机制、慈善事业领域的标准及其他促进慈善事业发展的理论和实践的研究进行资助，资助金额共80万元。该项目吸引了来自全国27个省（自治区、直辖市）、中国香港以及澳大利亚、美国等国内外青年学人积极申报，主办方共收到278份申报材料，涉及题材广泛。

“竹林计划”由康晓光、邓国胜、金锦萍等10多位业界专家学者参与制定评审规则，并设置初审、二审、终审三道程序，通过交叉评审、匿名评审等方式，保证了评审活动的专业性和权威性。

（刘凯茜、金征）

## 慈济慈善事业基金会副总执长林碧玉一行到访中慈联

2017年1月13日，中国台湾慈济慈善事业基金会副总执行长林碧玉一行到访中慈联，双方展开了热烈的交流。

林碧玉副总执行长介绍了台湾慈济基金会近年来在中国大陆开展的相关工作，如上海志工帮助渐冻症患者重新认识世界、帮助江苏盐城风灾村民灾后重建等，展现了慈济开展的慈善活动对改变人们的观念，激发善念，化解社会戾气，促进社会和谐所起的积极作用。

中慈联执行秘书长彭建梅、副秘书长刘佑平先后介绍了中慈联近期开展的项目和活动。双方还探讨了在境外非政府组织境内活动管理法实施的背景下，慈济基金会下一步该如何开展相关工作。此外，双方还对举办海峡两岸暨港澳慈善论坛的相关事宜展开交流，并就共同关心的行业培训等议题交换了意见，表达了在未来加强合作的意愿。

（康娟）

## 彭建梅出席 2016 宁夏公益慈善年会

2017 年 1 月 6 日，由宁夏民政厅民间管理局、宁夏公益慈善事业促进会、中国好公益平台共同主办的 2016 宁夏公益慈善年会在银川召开，中慈联执行秘书长彭建梅受邀出席会议。

彭建梅在致辞中表示，宁夏的慈善事业健康稳步发展，在中慈联刚发布的第四届中国城市公益慈善指数中，宁夏有 5 个城市进入全国前 100 位。她鼓励宁夏的社会组织，做公益一定要有持久信念，并且要和政府部门保持沟通合作，全心全意为人民服务，共同促进社会的良性发展。随后，彭建梅为位列中国城市公益慈善指数百强的宁夏 5 个城市颁发荣誉证书，排名分别是：吴忠市第 17 名；银川市第 32 名；中卫市第 39 名；固原市第 53 名；石嘴山市第 57 名。

（金征）

## 中慈联学术委员会全体委员会议在京召开

2017 年 1 月 10 日，中慈联学术委员会在北京召开全体委员会议。会议由全国人大常委会委员、中慈联学术委员会主任委员郑功成教授主持，学术委员会副主任委员何文炯、金锦萍，委员丁元竹、申曙光、卢德之、孙树菡、孙洁、杨思斌、张建伟、谢琼以及中慈联执行秘书长彭建梅、副秘书长刘佑平参加会议。

郑功成首先作了学术委员会 2016 年工作总结和 2017 年工作计划的情况汇报。2016 年，学术委员会联合中慈联会员和学术界的专家学者，就慈善法配套法规、境外非政府组织境内活动管理法、民法总则等一系列法律法规广泛征集意见，并提交建议给民政部、国务院法制办、全国人大法工委等多个部门。此外，学术委员会还在行业重点课题研究、行业标准化建设、青年学者研究资助等方面取得了突破，获得了社会各界的广泛关注与好评。

会议决定，2017 年学术委员会应该在推动慈善法及其配套法规的制定与实施上提供强有力的学术支持，特别是对慈善税制、慈善信托等重点问题进行突破；应该建立健全工作机制，加强委员之间的交流，并建立与相关政府等部门的联系机制；应该加强青年研究人才的培养，借助“竹林计划”等资助项目，为青年慈善学者开展研究提供全面支持。

（王昱妃、金征）

## 中慈联救灾委积极开展业务活动

2017 年 1 月，中慈联救灾委拜访了多家机构，围绕项目合作进行洽谈，并向救灾委各主任委员办公会议成员进行 2016 年度工作汇报。

1 月 11 日，中慈联救灾委赴南京拜访爱德基金会，向救灾委主任委员丘仲辉汇报了 2016 年的工作以及 2017 年的计划。随后，双方工作人员就合作设立“环球计划中国大陆联络点”的工作展开进一步探讨。此外，还先后拜访了救灾委顾问、国务院应急办专家组组长、国家减灾委专家委员会副主任闪淳昌，救灾委副主任委员肖隆君、张心国、刘文奎等，向他们分别作了工作汇报。

1 月 12 日，救灾委拜访上海志趣基金会，双方达成志愿保险的合作意向。1 月 16 日，拜访人人公益，期望合作开展《2016 社会力量参与救灾名录》的媒体推广工作。1 月 17 日，参访北京极益科技有限公司，对其产品“极益开源公益信息化平台”进行了深入了解，并提出救灾委网站建设的初步构想，达成网站建设的合作意向。1 月 19 日，救灾委拜访世界宣明会天津办公室，与天津办公室的工作人员和香港办公室综合职能总监邓玉华召开会议，就“‘一带一路’救灾联络站”及“儿童救灾保护”等项目的开展进行了洽谈。1 月 20 日，拜访北京依众公益基金会，了解了对方的业务范围，并就可能开展的合作进行了交流。

此外，中慈联救灾委还受邀参加了 2017 中国企业可持续发展大会。

（张炳钧、吕雅愫）

# 图击慈善

心存善念，必有善行；善念善行，天必佑之。

——《增广贤文》

# 做一个
# 最有爱的村民

湖北省钟祥市丰乐镇新湖村四组的30户人家，来自山东、河南等7省18县，半个多世纪以来，风雨同舟，和睦相处，亲如一家。善良的乡亲，淳朴的民风，小村大爱彰显人性之美，凡人善举温暖社会人心，在当地传为佳话，更被网友赞为“最美乡亲”“最有爱村民”。

空巢老人、留守儿童经常聚在一起玩耍、唠家常，其乐融融，亲如一家

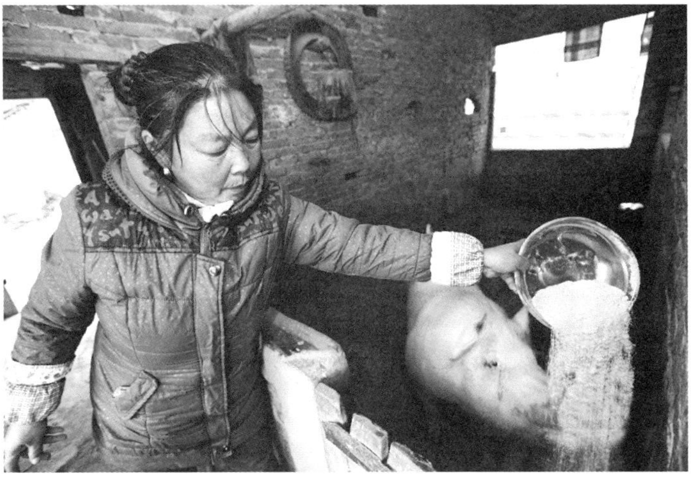

村民刘先富及妻子佘尚英先后因受伤不能劳动，这些年来，夫妻二人得到了很多村民的义务帮助。图为邻居王雪英正在为刘先富家无偿喂猪

图为村民黄良梓背着刘先富出门晒太阳

被丰乐镇公认为“侠农”的杨宏云，经常用自家的旋耕机义务帮助南来北往的司机拖运施救，多年来谢绝礼物和现金价值共 2 万多元。图为杨宏云（左）为村民义务拖车

村民罗士发（中）、杨玉兰（左）夫妇乐于助人。图为他们帮邻居八旬老人锯柴

（图文来源：新华社新媒体专线）

# 慈善人物

德行善举是唯一不败的投资。

——［美国］亨利·戴维·梭罗

# 曹德旺的慈善观

本书编辑部

从 1983 年用赚到的第一桶金给母校买 2000 元桌椅开始，30 多年来，曹德旺的捐赠额已近 80 亿元。

与巨额捐款数相媲美的是，他为中国开创了一个全新的民间慈善模式：由民营企业家捐出自己拥有的公司股票，每年用股权收益投入慈善事业——2011 年 5 月，曹德旺捐出个人名下的 3 亿股福耀玻璃股票发起成立河仁慈善基金会（依当时股价计算，总价值约合人民币 35.49 亿元），随后，河仁慈善基金会与南京大学合作成立了“河仁社会慈善学院”，招收贫困省份的贫困学生学习相关课程，培养慈善事业方面的专业人才。他还提出，做慈善跟做投资一样，要进行项目管理，要让救助资金实现效果最大化。

是什么初心和人生观、价值观、世界观让这位福建人把自己的人生和事业与慈善紧密联系在一起？

# 把慈善当事业来做

曹德旺，福耀玻璃集团创始人、董事长，40年的时间从一个一贫如洗的农民逐渐发展成为中国第一、世界第二大汽车玻璃制造商。在公司逐渐壮大的过程中，曹德旺始终坚持做慈善事业，坚持将慈善当作一种人生境界进行经营，被人称为“中国首善”。

## 仰望星空，脚踏实地

曹家世代经商，家境殷实，然而在动荡的时局中变得一贫如洗。

曹德旺9岁开始读书，14岁因为家境太艰难，不得不辍学回家放牛。之后为了谋生，他种过木耳，当过水库工地炊事员、修理员、“知青”和农技员，还倒卖过果树苗。凭着“让日子过得好一点”的简单愿望，他用多年的打拼，终于摆脱了贫困。提及这段历史，曹德旺不但没有丝毫的抱怨，反而认为这是他人生中非常宝贵的财富。

1983年4月，曹德旺承包了福建省福清市高山镇的一家年年亏损的乡镇企业——高山异形玻璃厂，当年就赚了20多万元。

## 敢教日月换新天

1984年，曹德旺去武夷山旅游，给母亲买了一根拐杖。当他把拐杖扛在肩上准备上车的时候，却被司机训斥了：“你小心一点，别碰坏了我的玻璃，几千块钱一块呢。”他顿时奇怪：为什么一块汽车玻璃如此之贵？通过广泛调研，他发现当时中国的汽车玻璃基本上依赖进口，所以维修费用十分昂贵。这样一个商业现象深深刺痛了曹德旺的民族自尊心。曹德旺说：“他们能够卖这样的价格，是因为他们太看不起中国人，认为中国人做不出这样的东西，所以以不友好的价格在中国市场出售。”

“我知道自己应该去做汽车玻璃，中国人应该有一块自己的玻璃，应该有一片从自己的玻璃看出去的天空。”

有了进军汽车玻璃市场的想法，曹德旺毫不犹豫地开始准备。1985 年，他不顾大家的反对，花费两万元从上海耀华玻璃厂购买了生产汽车玻璃的旧设备和图纸，全力投入汽车玻璃的生产。

公司起步时步履维艰，曹德旺依靠人格魅力，诚信经商，到 1987 年，联合 11 个股东集资 627 万元，在高山异形玻璃厂基础上，成立了中外合资的福耀玻璃工业集团股份有限公司，从此之后，集团的发展突飞猛进，一步步朝着更辉煌的业绩迈进。

## 谨记父母的教导：兼济天下

曹德旺摆脱了贫困，手里一下子有了很多钱。这么多钱到底应该怎么花？美国心理学大师塞利格曼说："如果你想快乐一小时，就去睡个午觉；想快乐一天，就去野外活动；想快乐一辈子，就去帮助别人。"从小父母就谆谆教导曹德旺，"穷则独善其身，达则兼济天下"，曹德旺做到了。

2011 年，他捐出了曹氏家族持有的价值 35.49 亿元的 3 亿股福耀玻璃股份，发起并正式成立了河仁慈善基金会，首开股权捐赠做公益慈善的先河。河仁慈善基金会自成立以来公益支出已超过 8 亿元人民币，捐赠社会公益慈善项目遍及我国西藏、新疆、云南、四川、甘肃、宁夏、重庆、福建、江西等多个省份以及尼泊尔等国家和地区，覆盖扶贫、救灾、环保、助学、公益传播与研究等多个领域。

## 相信世界上还是有真善美和真情

"做慈善不仅仅是捐钱，还要倾听他们的诉求。"2017 年 3 月 2 日，全国政协委员、福耀玻璃工业集团董事长曹德旺做客新华网全国两会特别访谈时表示，要竭尽所能回馈社会，帮助需要帮助的人，以这样一种心态来做慈善。

作为中国改革开放以来创业最早的企业家之一，据胡润慈善榜统计，从 1983 年用赚到的第一桶金给母校买 2000 元桌椅开始，30 多年来，曹德旺的捐赠额已近 80 亿元。一些人因此称曹德旺为"中国首善"。对于"首善"称号，曹德旺并没有兴趣。他认为捐款是出于一种共享的心态，与社会共享只是做了应该做的事。"国人应该坚定自己的信心，相信世界上还是有真善美和真情的。"

对于受救助的群体，曹德旺认为，要同等对待他们，要尊重他们、理解他们，他们就会很满足；而这些对自己来说是举手之劳，也能体现出自身的价值。

他认为，做慈善的终极目的是构建和谐的社会发展环境，是基于道德的立场，但是要在法律的框架下进行。

## 施恩图报非君子

曹德旺的办公室里供奉着一尊精致的佛像。

曹德旺信佛，他说他家几代人都信佛。

曹德旺的母亲曾经告诉他，他的祖母在世时是个十分虔诚的佛教徒。老太太在佛前烧香许愿，一许子孙逢赌必输，二许子孙有钱被别人借，被别人骗。曹德旺慢慢地理解了祖母的良苦用心，他一生中从不参与赌博，也不许自己的子女参与赌博。或许是祖母的虔诚感动了上苍，如今曹德旺发了财。他说："救别人就是救自己，从佛教的道义来讲也是这样。人活一世，就是为了给他人带来幸福。"他明白，祖母是希望他能帮助穷人。

2005年的春节与往年并没有什么不同，可对福建省永泰县的孤寡老人而言，却是个充满温情的春节，这份温情，来源于曹德旺。那年他从地方得知国家级贫困县永泰县的孤寡老人临近春节了，因为贫困，连两斤肉都买不起，他的心酸了。当即，他就给县里的每位老人送去了300元的过节费，这一送，他送去了70万元人民币。用70万元"救节"，他觉得值。他说，想到老人能过一个相对好一点、吃得上肉的年，他的心踏实了些。

与福清市交界的平潭县有个程安村。村子在一个岛上，这个岛是个寸草不生之地。村里共有40户人家，村民居住的房屋多年没有修缮，早已是破败不堪，逢到雨季，村民更是痛苦难耐。由于地势的原因，村中无法打井，村民的饮用水必须一桶桶地从5公里外肩挑回来；交通不便，缺少基本的医疗设施；没有学校；……一年年过去，村民的生活苦不堪言。为了摆脱这种艰难的生活，村民们多方求助无果。

到平潭县考察沙质的曹德旺得知了这件事，对当地村民的生活状况吃惊不已，他下定决心，一定要在政府的支持下，将村民从程安村全部迁移出来，为他们建造一个崭新的家园。

从那天起，他就开始四处考察，终于在建湖村附近发现了一块适合建新村的土地。经过与当地政府协商，最终达成协议。经过工程估算，最后确定每户6万元的建房费，曹德旺共出资180万元建程安新村（村民们在新村落成时一致决定将新村村名由原来的程安村更名为福耀新村）。2007年7月，新村举办了盛大的建成典礼。现在，村民已经在新的家园里安居乐业了：住地改善了，经济也翻了身，村中的小伙子再也不用为娶不上媳妇发愁，许多原来因为村里无法生存而外出打工的人又陆续回到了村里，村里的住户因此从原来的40户增加到了现在的60多户。

## 做慈善也要精打细算

在曹德旺看来，做慈善跟做投资一样，要进行项目管理，要让救助资金实现效益最大化。

2011年，在西南5省2亿元捐款项目总结表彰大会上，来自云南、贵州等5

省份的农户代表把亲手制作的民族服装送给企业家、慈善家曹德旺，把他打扮成一个“彝族老乡”。这一刻，曹德旺笑了。受助者们不知道，在这笔善款送到他们手上的过程中，眼前这位和蔼可亲的富豪大多数时间都是板着脸的。他对善款的每一个环节都保持着高度警戒，以要确保每一分钱都发到受助人手中。

2010年月5月，曹德旺通过中国扶贫基金会向西南5省份10万贫困家庭捐赠善款2亿元。谈起这笔捐款，曹德旺动情地说：“西南地区遭遇百年一遇的特大旱灾，老百姓生活苦得很。我年轻的时候吃过很多苦，知道那种滋味。对于一些偏远山区的农民来说，2000元钱可以说是他们的希望。”

因为年轻时吃过苦，曹德旺对每一分钱都精打细算。用他的话说：“该花一万花一万，该省一分省一分。”在他看来，要确保每一分钱善款都发到应该收到钱的人手中，而不是被“雁过拔毛，层层拦截”。

在捐款协议中，曹德旺的条件十分“苛刻”：中国扶贫基金会应在半年内将2亿元善款发放到10万农户手中，且差错率不超过1%，中国扶贫基金会如果违约将赔偿；管理费则不超过善款的3%，而“行规”一般为10%。为了保证善款发到每一个应该收到钱的人手中，曹德旺成立了专门的监督委员会，并请新闻媒体全程监督，要求基金会每10天向他递交详细的项目进展报告。这次捐款从而被称为“史上最苛刻捐款”。如此苛刻的条件，无疑是对现行捐款体制的一次挑战。这也开创了中国捐赠者对公益捐款问责的先河。

“没有管理，善款就容易出现问题。钱拿去救助，让受助人真正受益，而不是为了一时的名誉捐钱，后面的问题就不管了。”曹德旺说。

## 语言美、行为美也是一种善

对一个企业来说，财富的增加是必需的，但是在发展企业的过程中，曹德旺为什么又会觉得做慈善事业很重要？

这得从曹德旺的慈善观说起。“什么叫善举？我以前没有捐款也在做善举。语言美、行为美，这就是最美的善举，而不是你捐几块钱才是善举。《金刚经》里面开头化缘那段故事，你回味一下看看，是谁求谁？你想救济人家，想积功德，如果没有他的需要，你也积不了德。到底是和尚欠老百姓的情，还是老百姓欠和尚的情？应该是大家互不相欠，你尽你的职责，我尽我的职责。”曹德旺说。

曹德旺认为，想帮助人家，还得人家有需要。“他没有需要，你想积德还没有机会。因此最好的办法是你去帮助他，蹲下来，弯下你的身段，让人家接受你。我妈以前跟我讲，人情不说破，说破就没有人情。你做的好事最好不要开口讲，这个事情我做了，隐功才会积德，真正像我这样做慈善都已经离谱了，不应该讲，应该偷偷地做，悄悄地做这样的事情。”

曹德旺信佛，相信功德业果。他说：“功德那是修出来的，是修养，有功德的人不一定是有钱的人，他是有内涵的人。你能够真正地按佛经去修成佛的时候，那是功德无量。”

与此相对应的是，他认为做慈善不一定跟钱挂在一起。“慈善，它首先是慈悲。你要有同情心、爱心、善良心，你才会对别人有同情感，才会去帮助他。你说我变成‘首善’，为什么？钱捐得多？如果这样，慈善就是少数人的专利，不是我们大多数人的事情。倡导慈善的目的是什么？就是构建和谐社会。和谐社会怎么构建？就是让所有民众能够抛去贫富高低的概念，一起平等相处。平等相处就是要培养他语言美、行为美。像我做的事情是行为美，我愿意跟大家共享。还有语言美。当人家困难的时候、难受的时候，他可以去开导人家、安慰人家，帮他渡过这个难关，你说他这不也是在做慈善吗？应该说，如果一个人做得多，说得也好听，让人家更爱听，那么他就是更美的。”

在曹德旺看来，做慈善的目的是为了和谐，而“和谐不是几块钱就可以解决的”。“人家说你曹德旺在那边赚钱，今天变成‘首善’，你知道我——边防战士，为了国家安全在边疆守卫，在那里整天晒得黑黑的，连饭都没有好好地吃，我的行为美不美？如果没有我们保卫国家安全，会有你们平安赚钱的吗？所以那样评‘首善’是不合理的。”曹德旺说。

## 财富无法永葆　有德行就是做慈善

看到曹德旺把那么多的钱捐出去做慈善，有很多人感到奇怪：真的有人把财富看得这么淡？

曹德旺的回答是肯定的：“当然了，非常地淡。我认为财富好像大海里面的鱼，你一网碰到了，撞上了，捞上几千斤，但你只有一张嘴巴。如果你把全家人叫来一起吃，吃一百条，剩下的，今天天气好，要拿去晒，买几个缸拿去腌，或

找个冰库冻起来。但我提醒你，晚上如果有海啸、台风或者说战争，都可以毁掉这个地方，鱼你不是也没有了么？

“世事无常。佛教的无常，还要心无常，心无常就是心如止水，心如铁石。无常了，多漂亮的女孩坐在你面前，也就像一个普通人坐在这边；多么值钱的东西丢下来，你也不会为它所动。

“要去修，我修得很浅，都是皮毛。我没有花很多时间去修，因为我工作很忙，但是我哪怕修一点点，也都用在我自己的行为举止上，指导我自己。我这一生在做慈善，不是捐那几块钱。我再次讲一句话，我认为善良、关爱、谦虚、诚实、勤劳、朴素、本分都是在做慈善，这是修养。”

## 我的初心还是吃饱饭

不忘初心，方得始终。作为一位企业家、慈善家，曹德旺的初心是什么？《新京报》记者曾就“初心”问题采访曹德旺，现节选一部分与大家分享。

**曹德旺：**我的初心就是吃饱饭。我认为，有没有汽车，有没有手机、电话，买东西是到超市，还是百货市场，还是按几下手机送过来，我觉得这都不是最关键的，最关键的是中国人怎么样保证把肚子吃饱。”

**问：**为什么这么讲？

**曹德旺：**因为我们经历了20世纪60年代，1960年，那是非常深刻的教训。饿死了很多人，但是我们不承认也不敢检讨这段历史，我认为，应该勇敢地去面对这段历史。我一直担心的是，中国人你要小心重演这段历史。

**问：**你为什么会特别忧心这个问题？

**曹德旺：**我饿怕了。那个时候（我当时20多岁）一个月的口粮，如果让我吃饱，5天就能把它吃完，因此每天都是饿着的。没有经历过的人，不知道那个苦。我吃过花生壳磨成的粉，咬在嘴巴里很涩，吞不下去。拿水来兑，等你吞在肚里（不消化），在那里打滚，疼得难受。

**问：**但事实上，你早已经过了温饱这个阶段了。

**曹德旺：**当你成功的时候，把过去的苦难都忘记掉，我相信这苦难你还要再来一次。因此，我一直在呐喊呼吁：中国人要小心！不要因为这两年搞得比较顺，就忘记掉你姓什么，要担心再出这样的问题。

**问：**还有可能再出这样的问题吗？

**曹德旺：**我经常下乡调查，发现中国沿海的农民很多都不种地了，大面积抛荒。为什么不种？一位农民给我算了笔账，一亩水稻最多能赚1900元，但打一天工，包吃的300元，算下来，打工赚的钱要比种田多好多倍。这位农民问我：曹总，你说我种不种地？我很担忧：这么大面积抛荒，怎么办？如果将来没有粮食吃，大家会都没有吃的。

**问：**你有什么解决方案？

**曹德旺：**我也没有解决方案，我死心塌地地做好自己的本业。我曾经想过，如果中国每一个行业的领头人，都能把这个行业扛起来，中国就是强国了。但现在的问题是，哪里赚钱，人们就往哪里跑。

**问：**这样的初心对你做人做事有何帮助？

**曹德旺：**我家从小贫穷，我经历了很多，受了很多欺凌。后来我想，等我有钱了、有本事的时候，我应该怎么做人。

**问：**你怎么做的？

**曹德旺：**我小时候，乡下中秋节，农村孩子们会捡瓦片，砌塔玩。我的塔砌得最好，从中我悟出一个道理：塔要盖高，下面一定要盖好。

你每天做的每件事情，都是你人生的一块砖，要经得起推敲。经不起推敲的事，千万不做。将来这个地方有缺陷，就会塌下来。我一开始就很认真地码每一块砖。

比如说，我们到内蒙古投资，很多人劝我投资矿产、房产，因为这些钱来得快。但我在那里投资，不谈这些东西，我谈征地盖厂房，就谈盖厂房。30几年下来，我专心做我的玻璃。

**问：**为什么只做玻璃？

**曹德旺：**福耀之初，我们的目标就是做属于中国人自己的玻璃。长期坚持做一件事情，而不被左右的利益所诱惑，我认为这才是我们的核心竞争力。我在美国的工业博物馆看到，百年存活下来的企业，只有少数几个，这少数几个都是专注于某个行业的企业，这使我下定决心提升企业的段位，只做玻璃。

**问：**很多人可能到现在都不能理解你。

**曹德旺：**过去有一句话讲，小胜靠智，大胜靠德。你心怀坦荡，鬼看见你都怕，你肯定会成功。年轻人不知道将来自己能走多远，但记住这一件事，按照这个方法去做，你就不会失败。

**问：**你的这么多智慧都是从哪里来？

**曹德旺：**我不像你们这些科班出身的人，学数学的、学物理的、学新闻的，反倒受它们的框框限制。我小学毕业之后，没有书念。但只要有字的书我都看，五花八门，甚至买了一本字典学习。因此，你讲什么，我都听得懂。即使到现在，每天我都要花两个小时阅读。

**问：**关于你经营企业，商界流传最广的就是你主动关了双辽的砂矿，为什么？

**曹德旺：**当时也是很多人不理解。为了这个矿，我们已经投了8000万元，废水排放等问题都解决了，但每天还是会产生100吨的废渣。废渣中的氟不会因堆放时间长而淡化，我们每天100吨左右的废渣量相当大，长期堆存，积少成多，会成为祸害子孙的一个根源。

**问：**所以你下令关闭？

**曹德旺：**必须关闭！当时经办人告诉我，我们在当地投资8个亿，刚建了一个浮法厂，若关掉自己的砂矿，就要去辽宁本溪买，光运费每吨就要增加近100元，这会大大增加生产成本，严重影响企业的效益。

**问：**你关矿时就没犹豫过吗？

**曹德旺：**没有。当时我对那位经办人说，你就是一时赚到了效益，从长远讲，你始终是会感到不安的。试问还有什么可以比心安理得更有价值？

**问：**还有一件事，说你主动退还了通辽市政府 1000 万元补贴？

**曹德旺：**必须还，信誉值千金。那是 2009 年，因为经济形势不好，我当时要关掉企业。政府说你能不能推迟一年（涉及稳定、就业等），如果亏损的话，政府可以补贴。结果那一年下来，企业没亏，我就让会计把钱退回去。当地书记说，他为官这么多年，拿到了财政补贴又归还的，只有我曹德旺一个人。

**问：**所以，心安理得对于你很重要？

**曹德旺：**是的。我非常自豪地讲，普天之下，没有一个人会指着我的鼻子骂："曹德旺，你少我一分钱。"我没有做过出卖朋友或者亏心的事情，反倒帮了很多的人。

**问：**你的自传为何叫"心若菩提"？

**曹德旺：**"菩提"是顿悟、开悟的意思，所谓心若菩提其实就是外王内贤，外表上看起来非常强大，内心充满着仁慈、仁爱，反倒是这样的人生最强大。

**问：**你有过失败或者沮丧的时候吗？

**曹德旺：**做企业肯定都会有遇到困难的时候。人生就是这样的，有许许多多成功和挫折、顺利和困难混合在一起。如果你做什么东西，都没困难，那也没什么意思。但这些困难跟 1960 年相比，一点都不觉难。

40 岁之前，吃过了人间的极苦，因此我什么都不怕。我可以跟那些当官的吵架，只要控制自己不犯法，保证自己的身体健康。如果不做玻璃，你知道我要做什么吗？我种田的技术比那些农民还高，我可以去种田。

**问：**这方面你的心得是什么？

**曹德旺：**守住你的心、护住你的心，坚持做你自己想做的事情，所谓困难也就不是困难了。

**问：**之前你在多个场合也说，年轻人不要一味追求名利，要注意身体。

**曹德旺：**留得青山在不愁没柴烧。就像李白说的：天生我材必有用，千金散尽还复来。只要你身体健康，遵纪守法，你的信仰还在，在哪里都会有饭吃，都能受到别人的尊重，最怕自己不清不楚，有身体也白搭。

**问：**如何看待你的竞争对手？

**曹德旺：** 我告诉我的员工，我们是中国玻璃代表队，好像奥运会开幕，我们的运动员走上赛场，要跟他们比一场，这时候输赢是体能、水平的比较，不一定非要把人家怎么的。我喜欢竞争，不喜欢独霸天下。如果没有对手，你也打不出你的水平，体现不出你的伟大。

**问：** 有媒体评价你是真正的“中国首善”？

**曹德旺：** 我妈以前跟我讲，人情不说破，说破就没有人情，你做的好事最好不要开口讲，这个事情我做了，隐功才会积德，真正像我这样做慈善都已经离谱了，不应该讲，应该偷偷地做，悄悄地做。

**问：** 但是你已经给社会捐了几十个亿。

**曹德旺：** 不一定捐钱才是慈善。穷人也能做慈善，只要你有慈悲心。反之，如果你打家劫舍的钱，去做慈善，啥用都没有，功不抵过。

我们福耀几万员工，上下游加在一起十几万员工，我把这家企业做好了也是做慈善。佛法讲三施，财施、法施、无畏施，财施只是第一境界。

**问：** 你怎么看企业家裸捐？

**曹德旺：** 裸捐我觉得是不负责任的做法，我本人不会也不鼓励企业家裸捐，一个企业家做慈善，不能影响到这家企业的持续经营能力。我之前捐出去的钱，都是我个人的，跟企业没有关系。

**问：** 如果让你推荐一本书，你会推荐哪一本？

**曹德旺：**《巴黎圣母院》，你看这本书里面，那个丑陋的敲钟人，他最贫穷、最下等，但反倒是心肠最善良。而那批权贵，灵魂则很肮脏。所以很早的时候，我就告诫自己，不要做那样的权贵。

**问：** 你觉得你现在的成就跟你的初心有什么关系？

**曹德旺：** 小时候，父亲对我说，做事要用心，有多少心就能办多少事。

# 特别视点

在一切道德品质中，善良的本性是世界上最需要的。

——［英国］伯特兰·罗素

**编者按：**2016年12月24日，5岁的罗一笑永远地闭上了她那双会笑的大眼睛，沸腾一时的“罗尔事件”就此归于平静。

复盘整个事件，从最初社会善心的爆棚，到后来的质疑、愤怒，争议声音一直没有停息。

“罗尔事件”到底触碰了社会哪个痛处，让那么多的善心成为“昙花一现”？

每一次重大事件的发生，其实都是一次社会进步的好契机。“能在善里沉醉的人，才能在恶的劫波中醒着。”愿“罗尔事件”能唤醒我们每一个人心中最单纯的善心和善念。

# 罗一笑，我们让你见笑了

王水雄

## 引言

“善意被利用”这个问题要说清楚，并不容易。不过，有一点似乎能说清楚，那就是，我们似乎更应该警惕那些利用人们的善意去为非作歹、造成巨大破坏的人和“故事”。

2016年底，罗一笑，一个小姑娘的名字，被许多人所知晓。因为一篇她爸爸罗尔讲她生病住院的文章《罗一笑，你给我站住》，在微信、微博朋友圈被刷屏了。顺带地，我也看到了她的生活照，以及在儿童医院的光头照——很漂亮的光头照。

刚开始在朋友圈看到那篇文章，说实在话，我的心真的被触碰到了。想起了许多往事，也想到了自己的孩子。对脆弱的生命的感慨，让我不禁泪眼婆娑。看文章很少点赞赏的我，忍不住去点“赞赏”，结果被告知赞赏已经达到了金额的上限。还能做什么呢？只剩下转发这篇文章，聊表心意。

这样的文章在朋友圈被刷屏，自然是意料之中的事。

不过，很快就在朋友圈看到了类似这样的一些话：“无反转不新闻！某刷屏事件该反转了。”“白血病属于国家医疗救助报销类疾病，治疗费全免。”“关于罗一笑，大家先别转了！第一，其微博称医疗费用已足够。第二，以转发为方式卖文，其平台必因转发而受益，这种方式与募捐相比，幕后多了一个商业推手。第三，我们果然在微博上看到了爆料和质疑！不知道我们的善意，是不是又一次被利用了？”“这个爹在广东有三套房子，自己资产分文不愿意动，每天靠打赏收几万赚钱。被他前同事爆料了，带血的营销……”

看到这些，有朋友说：“我又迷茫了，再一次觉得智商需要充值”“其实网络也挺可怕，没有调查没有发言权”“一边是转发公众号的情怀党，一边是戴着质疑眼镜的吃瓜群众。”……

从朋友圈及其文章中展现的各类截屏画面来看，我的反应是：罗一笑生病，毕竟是真实的；罗尔对自己孩子的关心，以及在这个过程中的艰难也是真实的。

前面提到，我看罗尔的那篇文章时，想起了许多往事。其中一件，是5年前，我一位堂兄的外孙女得了白血病，其父母甚至已经到了上街乞讨以便筹资为她看病的地步。我当年找过几位记者，却都未能帮上什么实质性的忙。说实在话，在获知那个女孩子最终去世的消息后，我内心是很羞愧的。如果能像罗尔的朋友那样，借助其父母的一技之长，帮忙筹集到足够多的钱，救孩子一命，或者延长她美丽的生命，至于某个公众号涨多少粉，该是多么微不足道的事啊！

何况，《罗一笑，你给我站住》一文，的确是真实心境的自然流露。它还令我想起自己在面对失去亲人的残酷事实时，无力回天、痛哭流涕的心境。我相信，不少人有过，或者将会有类似的经历。

于是，我在朋友圈留下了下面这段文字：（一篇文章）情真意切，于我心有戚戚焉，从中个人有所收获，也就值得打赏回馈了！至于故事反转，发现作者竟有这样那样的不是，背后竟有这样那样的动机，所以觉得自己的善意被掠夺了，实在是并无必要。难道我们竟然希望自己帮助的对象是圣人，毫无瑕疵？那你还能帮助什么人？难道这个世界竟会忘记处罚那些暴得大名却德不配位的人？德行不高却得享大名，乃是灾难之源。

我的思考大致是这样的：一个人的微观动机，比如，恻隐之心、善意萌发，存乎一念之间，这其实是很自我的事。仅从微观的层次来说，存乎一念的善意，实在是弥足珍贵的。它是自己之所得，不关局外人什么事儿。旁人不应质疑，自己也不需要对之感到迷茫。

当然，在这个移动互联网的时代，个人的一念，如果异乎寻常地一致，汇聚起来，相互激荡、相互影响，其总体的力量能够达到何种程度，有时并非是常人所能预料的。但是，只要在微观层次上，它是出乎本心、本性，不受强力操控，就不会有多大的破坏性。对社会来说，在关键时刻，它甚至常常能起到避免人类大灾难的作用。

是的，有时候，当我们发现自己的善意被别人利用，多多少少就会有那么一些不爽的感觉，就仿佛是吃了一只苍蝇。微观的动机总是镶嵌在更宏观的社会结构之中才能发挥巨大作用，而宏观的社会结构又总是那么复杂，所以，“善意被利用”这个问题要说清楚，并不容易。不过，有一点似乎能说清楚，就是，我们似乎更应该警惕那些利用人们的善意去为非作歹、造成巨大破坏的人和“故事”。而拥有了较大权势的人，往往更倾向于能造成巨大破坏；被他们所操控的“故事”，也往往更不那么容易轻易被反转。所以，我们更应该做的是，对待这一类人和“故事”时，持有更带警惕性的善意。

至于罗一笑的这个故事，从《罗一笑，你给我站住》，到《罗一笑，你该站住了》，反转几乎可以说是分分钟的事。这样的反转，恰恰说明，罗尔的背后，并没有什么真正有权势的人物。对于罗一笑、罗尔这样的人，我想，我们的善意不妨更率性一些。如果善意总是要附带那么多的条件，如果善意意味着要把为人父母者的既往查个底朝天，那就不再是善意，而是故意，甚至是敌意了。想来即便得了 270 万元的巨款，即便“被钱砸到了头”，为了罗一笑，罗尔是会慎重地对待这笔“能砸头”的钱的。

在微信中，我还看到了罗尔写的另外一篇文章《谁能放得下心中的狗》。大意是说，罗一笑很爱狗，希望能养一条，但是父母不让。后来父母给她买了一只乌龟，名为“丞相”。罗一笑很高兴，悉心照料。住院后，罗一笑仍然牵挂着“丞相”，嘱托罗尔好好照看。在一次讲完《我想要一条小狗》的故事之后，罗尔许诺罗一笑：“等你病好了，爸爸给你买一条小狗。”结果罗一笑的回答是：“爸爸，我有了‘丞相’，就不要小狗了。我怕有了小狗，我对‘丞相’就不好了。”罗一笑的行动和回答，透着责任和爱。

面对这么懂得责任和爱的罗一笑，作为成人，我不免觉得有些羞愧。我想跟罗一笑说：很抱歉，这几天的一切可能会让你过早地看到我们所在的是这样的一个成人世界。我们成人想表达爱，却总是担心受到伤害；我们总有很多理由让自己倾向于冷漠，却很少能找到证据来支持自己充满激情的初衷；我们成天被大人物利用，却总在担心自己被小人物所忽悠；我们常常在迷茫着该相信谁，却很少去直面自己的真心和本性。所以——

罗一笑，我们让你见笑了！

（作者系中国人民大学社会学理论与方法研究中心、社会学系副教授，《社会学评论》编辑部主任，上海高校社会学E-研究院研究员。来源：微信公众号“社会学视野”）

# 公益组织不能对“罗尔事件”沉默

李 劲

## 引言

公益和慈善事业的最终目标，是唤起每一个人心中的善心和善念，增强人与人之间的相互信任、相互关爱，积累社会资本，减少社会交易成本，建设一个更美好的社会。

2016年刷爆互联网的罗尔为女网络筹款事件不但引起政府相关部门和公益圈人士的关注，也在全社会激起热议。事发至今几经反转，在2016年12月6日，罗尔本人通过微信公众号首次对网友的质疑和指责作出回应，而网友们对此反应不一。

从事件一发生，我们就予以关注，但因认为此事应定性为个人求助行为，并以为这件事会像其他很多社会热门事件一样转瞬即过，不会影响到公益慈善的大局，所以并没有在群情鼎沸时发表意见。然而，随着事件不断发酵，各方观点逐渐明晰，我们发现一些舆论导向已经影响到公众对善意和善行的信心，影响到中国本就脆弱的捐赠文化，进而影响到中国公益生态。作为这个生态中的一分子，我们不能再保持沉默。

第一，我们认为，“罗尔事件”与公益无关。该事件的受益人只有一个人，所以这是罗尔的个人求助行为，依据现行法律法规，与公益和慈善无关，不应被误读为公益或慈善行为。评判是否是公益行为的标准非常清晰——即公与私的分野——公益慈善事业是公共的事业，是取之于公众、服务于公众的公共事业，而不是仅救助个人的事业。

第二，我们呼吁，掌握网络发声权的人要珍惜公众的善意和善心，避免误伤公众的善意和善心，使本就脆弱的中国捐赠文化雪上加霜。

为什么要关注这个问题？因为我们相信公益和慈善的目的绝不仅仅是帮助有

需要的人。公益和慈善事业的最终目标，是唤起每一个人心中的善心和善念，增强人与人之间的相互信任、相互关爱，积累社会资本，减少社会交易成本，建设一个更美好的社会。

遗憾的是，在针对“罗尔事件”的网络舆论中，有一些言论不是在鼓励善，而是以最大的恶意揣测他人，揣度罗尔和他身后的人，甚至包括无辜的孩子。他们发出的信号是，人是不可信任的，如果你信任他人，释放了善意，哪怕是一点点，也会和那些为罗一笑小朋友捐款的善良的人们一样“愚蠢”。这种负面消极的言论正在对公众的善意和善行造成伤害和打击，这是我们非常痛心和不希望看到的。

因为一些众所周知的原因，中国的公益慈善事业发展历经坎坷，尚未建立起健康、稳定的捐赠文化。罗尔为女儿进行网络筹款事件的背后有很多值得深思的地方，但我们更愿意从中看到积极和正面的因素。

其中最重要的就是数以万计的中国公众从善心和善念出发，慷慨解囊，施以援手，这是最让人欣慰的事情。我们相信，每个人都保有善心是社会良性运转的必要因素，也是壹基金推动“人人公益”的重要基础。

第三，我们认为，该事件与罗一笑小朋友无关。相反，孩子在该件事中应该得到更多的保护。在此次风波中，上传孩子的照片或以孩子的名字命名事件是对儿童权益的侵犯，我们对这些做法表示反对，并呼吁所有传播者停止上述行为。

第四，我们呼吁更多的公益组织主动向公众表达自己的立场，提升自己的专业水准和沟通能力，同时反思如何更好地为公众服务。

罗尔受到一部分网友攻击的原因之一是，有人指责他通过自己掌握的资源、话语权和商业推广方式获得公众关注，同时为那些不掌握资源和话语权的人鸣不平。其实，如何有效帮助那些拥有较少资源的困难群体获得同样的帮助机会，正是基于公平理念的现代公益组织要考虑和解决的问题。另外，所有的公益从业者都应该反思，为什么那么多人会愿意相信一篇网文，而不是本应该更专业、更值得信赖的公益组织?

为了有更多组织化、高效能、可问责的专业公益组织出现，为了人与人之间的信任、关爱、互助，为了更多和罗一笑小朋友一样需要帮助的孩子都能够得到及时和适宜的帮助，公益慈善从业者们依然任重道远。但当类似罗尔的事件发生时，我们除了接受媒体的访谈，还是应该勇敢地站出来，自信地告诉公众，请相信我们，请相信我们可以做到，并做得越来越好。

第五，我们呼吁公众给予公益组织信任，特别是那些有担当、有能力的公益组织。相信众多的公益同行通过不断努力，可以向更多人提供有品质的服务，并可以更好地面对公众问责。相信政府通过激励和监管公益慈善组织，促使它们更好地服务公众。

我们向在此事件中第一时间成立专项基金的深圳市关爱基金会和在网络观点一边倒的时候，决定维持对罗尔家庭予以帮助的深圳市慈善总会表示敬意。公益行业需要有担当的行动者。

我们希望“罗尔事件”不只为人们提供茶余饭后的谈资，而应该引人思考，并以此推动中国公益慈善事业发展向前。只有这样，这场夺人眼球、群情鼎沸的大讨论，才算于我们真正有所裨益。

（作者系深圳壹基金公益基金会秘书长。来源：《公益时报》）

# "罗尔事件"背后
## 是善款监督焦虑

陈广江

### 引言

说到底，"罗尔事件"刷爆朋友圈的背后，是社会对善款监督的深深焦虑。新慈善法不禁止个人求助，但在缺乏监督的情况下，没有人能保证善款正当、合理利用，甚至难以排除诈和骗，引入第三方监督的设想也没有多大的操作性，这就是今天我们面临的困境——网络个人求助处于监督的真空状态。

《罗一笑，你给我站住》一文在2016年曾刷爆朋友圈。文章显示，深圳5岁女孩罗一笑患上白血病，父亲罗尔在微信公众号记录女儿治疗过程，并开通打赏功能筹集费用。但事件很快反转，有网友指出，罗尔有三套房产，罗一笑治病报销比例超过70%，并利用公众号营销募捐，幕后还有深圳一家营销公司助力。目前，相关部门已介入。

事件还在发酵，几近失控。本来一件普通的个人求助事件，经由某公司的营销操作，演变成了一场山呼海啸般的网络风暴，即使初心未改，也已面目全非。最终结果或许很残酷：所有被事件挟裹的人以及社会爱心，都会受到不同程度的伤害。

现在可以肯定的是：罗尔确有三套房产，其中两套在东莞，还未办证；罗一笑治病报销比例确实超过70%；捐款数足够支付医疗费，目前已关闭了捐助渠道。另据报道，罗尔承认公众号部分文章系虚构……越来越多的"黑幕"被曝光。

事实证明，网友的质疑并非空穴来风，罗尔在求助时不仅使用了暧昧的营销策略，还隐瞒了部分事实。每个人都有向社会求助的权利，相关法律法规并不禁止，但有个前提：一定要把完整的事实告诉社会，包括病情、家境、所需费用等，并及时公布善款信息。假如使用营销策略，更应坦诚相告，捐助者有权知道真相。

社会从不缺爱心，但爱心是有"洁癖"的，即对真相的"洁癖"，善一定要建立在真的基础上。“真”，不仅仅是真实无诈，还包括无隐瞒。既然向社会求助，就须让渡部分隐私权，尽可能公开相关信息，以避免“诈捐”“营销”之类的嫌疑。公众的“洁癖”体现了对正义的坚守，也是付出代价后换来的教训。

说到底，“罗尔事件”刷爆朋友圈的背后，是社会对善款监督的深深焦虑。新慈善法不禁止个人求助，但在缺乏监督的情况下，没有人能保证善款正当、合理利用，甚至难以排除诈和骗，引入第三方监督的设想也没有多大的操作性，这就是今天我们面临的困境——网络个人求助处于监督的真空状态。

拿什么规范个人求助行为、纾解善款监督的焦虑？更多的还是要靠求助者自律。个人求助也应坚持公开透明、接受监督、尊重捐款者意愿等规则，否则就是破坏规则，一旦有扯不清的问题，比如隐瞒部分事实和“营销式捐款”等，就会放大公众的焦虑，引发质疑浪潮，最终会伤害所有人。

孩子最无辜，所有参与和围观事件的成人们，先“站住”，反思吧。

（来源：光明网·光明时评）

# 慈善不是低保，
## 中产阶级也可以救助

盛佳婉

### 引言

大家都在质疑，罗尔三套房子没卖就向社会伸手了。这个逻辑像是因为罗尔不是低保户，所以没资格求助。但慈善是做低保吗？显然不是的。“罗尔事件”说明我们的慈善需要进一步的提升，我们的社会价值、伦理需要进一步提升。

众所关注的“罗尔事件”似乎已暂时告一段落。然而，这个不在慈善法规制范围内的“个人求助”案例，折射出我国现行制度与公众现实情感的尴尬。“罗尔事件”给我们带来了哪些启示？2016 年 12 月 8 日，公益大咖、深圳国际公益学院院长王振耀接受了记者的采访。

**问：**“罗尔事件”里，罗尔的个人求助行为，不在慈善法的规制范围内，有人认为慈善法的适用范围较窄，对此您怎么看？

**王振耀：**并不是说人类生活的所有地方都需要法律来规范的，要留一些空间通过道德、伦理来解决。像这样的一个个人求助案例，在各个国家都不能严令禁止。罗尔事件是慈善法正式实施后一起相当典型的案例，它提出了一个很好的问题，中产阶级出现困难的时候要不要救？

发达国家总是有一些流浪汉在街头求助，大家甚至不认为这是乞丐，就是我随手帮衬你一点。但在我们的社会中，大家还接受不了这样的概念。我们要过这样的关，中产阶级遇到困难求助的时候，我们是把他作为穷人呢，还是只是需要帮助的人？是让他卖掉房子成为赤贫然后再救，还是大家支持他一部分，这是整个社会的伦理道德。大家都在质疑，罗尔三套房子没卖就向社会伸手了。这个逻辑像是因为罗尔不是低保户，所以没资格求助。但慈善是做低保吗？显然不是的。“罗尔事件”说明我们的慈善需要进一步的提升，我们的社会价值、伦理需要进一步的提升。

**问：**慈善法解决了专业慈善的问题，比如个人需要求助的时候，可以通过公募的慈善组织开展募捐等。但从“罗尔事件”可以看出，公众行善的方式和专业慈善还有一定差距，您认为应该如何处理这种矛盾？

**王振耀：**慈善法在世界范围内都是非常前卫的法律，因为它借鉴了各国的慈善法律，体现了现代慈善精神。一开始我们可能还不太适应，没关系，大家还有个学习过程。现在大家都很着急，有的说，希望法律来规范类似罗尔的事件。我想说，大家别着急。这样一个中产阶级遇到的困难，将来在社会上会很经常地发生。最困难的人毫无疑问要救，但慈善不一定只救助最困难的人，这是我们需要学习的一课。罗尔这个案例中，现在看来大家处理得很好。当这一网络求助事件成为公共事件以后，我认为政府、社会组织、罗尔本人的积极行动，使事情向着好的方向发展。这个处理过程也显示了社会的理性与智慧。

**问：**既然在法律框架下不好解决，如果以后再发生这类的个人求助案例，有没有更好的解决办法？

**王振耀：**我觉得类似问题，规模过大的话，政府可能要介入一下。这次有了很好的开始，深圳市民政局把罗尔、小铜人、微信平台等相关各方一起请过来，但民政局没有说要没收这个钱，或者说要求退钱，只是给各方讲清楚哪些是政府要做的，从政策角度来解读这个事情，而不是简单地盖棺论定。

另外，从这个案例来看，我们的应急救助还要加强。如果让一个人不停地呼吁，社会没有应急响应，这是社会公益慈善结构性的缺陷。我们不应该让一个求助变得非常无奈，好像我们民族很冷漠。最好有一个全国范围内的“大病救助联盟”，这样就不会像罗尔一样出现尴尬。当然，如果是个人求助，也必须向社会公布正确、充分的信息，对捐赠者有一个交代。

**问：**很多慈善组织都明确表示，像罗尔这种家庭情况，并不在它们救助的范围内。

**王振耀：**现在很多公益组织，还是沉浸在对低保对象救助上。但是慈善的边界很宽。比如说过去有一个穷孩子，在网上募集善款500万元，都是直接打到他的账上，这是非常危险的。所以如果慈善组织在一些领域持续缺位，可能会产生更大的风险。这都是这个事件给我们的启示。

**问：**有人说小铜人的营销是“带血的营销”，在您看来，慈善和商业有没有一个边界？

**王振耀：**社会上有一些灰色地带，不一定都要划得很清楚，这需要一定的伦理来约束。我觉得还是应该给社会一个认识过程。比如说这次罗尔通过小铜人获得捐赠，这就是中产阶级求助的一种方式。他希望通过自己的能力，用一点市场化的手段得到救助。

过去有卖身救夫救母，现在罗尔说自己是“卖文救女”。大家也要把眼界心态再放宽一些。不要把商业和公益慈善界定得非常清晰，有一点商业，大家就觉得受不了了。其实现在公益和商业结合是趋势。比如说宜家家居就是基金会投资的，它完全是商业化手段，但赚的钱用于做慈善。如果一个企业帮了人，获得了好名声，这也是应得的。难道让不帮忙的获得好名声吗?

（来源：《深圳特区报》）

# 外媒：
## 心存善念，跟着良心走

佚　名

引言

心存善念，跟着自己良心走，而不是跟着舆论做墙头草。

德媒称，《罗一笑，你给我站住》这行字近日刷爆了中国微信朋友圈：患白血病的小女孩、媒体人父亲、“小铜人”“营销炒作”“三套房”……这都是当时“罗尔事件”的关键词。孰是孰非，你怎么看？

德国之声网站2016年12月1日刊登题为《刷爆朋友圈的罗一笑事件刺痛了谁？》的报道，报道梳理了事件的经过：一名名叫罗一笑的5岁小女孩患了白血病，媒体人父亲罗尔与一家“小铜人”金融公司合作卖文，文章每被转发一次，“小铜人”给罗一笑一元钱。此外，文章也开设“打赏”功能。2016年11月25日，罗尔发表文章《罗一笑，你给我站住》。

动手转发，就可以为小女孩募钱。对于很多人而言，这个爱心成本不高。而罗尔的文章戳中了很多人的泪点。文章很快得到数十万次的转发，赏金金额也迅速达到微信文章5万元/天的上限。

然而事件的发展在这时发生了反转：有知情人士爆料，罗一笑的治疗费用并没有罗尔声称的那么高，而且“社保基本可以报销70%以上，到目前为止……自费大概2万元”。

报道称，对于罗尔而言，情况急转直下。这个故事从温馨催泪的“父亲为爱女筹集善款”变成了受众人口诛笔伐的“彻头彻尾营销事件”。罗尔被谴责为“卑鄙的媒体人”“消费大众的善良”，并有人爆料称他坐拥三套房产。

当这些所谓的“内幕”被爆出后，很多人的爱心感动变成了深感善良被消费、感情被欺骗后的愤怒。“父亲罗尔，请用你自己的钱给你的孩子治病”“罗尔，你给我站住”“当事件被揭穿，再伟大的父爱也变得丑陋不堪”……很快，这些标题的文章充斥社交媒体和朋友圈。

中国媒体也纷纷关注此事。2016 年 11 月 30 日，有中国媒体报道“起底罗一笑捐款门”，称罗尔承认其公众号上的部分文章内容是虚构的。中国每日经济新闻报道称，医院通报“罗一笑 3 次住院费用共 20 万元，自付 3.6 万元”。《人民日报》也评论罗一笑事件，称“真相，你也给我站住！”

在各种质疑声下，罗尔接受了采访，他否认营销，称“小铜人”负责人是他的朋友，因为顾及他的面子所以提出“转发捐赠”的这种形式。对于捐款，他表示“数目还在统计中，200 万元可能是有的”，称这笔钱除了用于女儿治疗，剩下的钱“希望成立一个救助白血病患儿的基金”。“如果有人觉得被骗，他提出来，我会退‘打赏’的钱给他们。”

与此同时，罗尔也在微信公众号上发表文章：《我承认，我被钱砸晕了头》。他在文中对公众的一些质疑作出了回应，并且感谢“山呼海啸一般的人间大爱”。

目前，深圳民政局已经就“罗一笑事件”成立了调查组。

社交媒体上，关于该事件的讨论异常激烈——指责、谩骂、思考、同情。也有人劝围观者先来清理、分析和反省自己在道德上的偏好。

一位微博网友这样写道：“一群人捐款了，另一群人嘲笑他们被骗了。我想说：心存善念，跟着自己良心走，而不是跟着舆论做墙头草。”

（来源：中国新闻网）

# 慈善沙龙

一言之善，重于千金。

——葛　洪

# 慈善资产保值增值沙龙：怎么看慈善组织理财

## 引言

2016年11月，中国慈善联合会（以下简称中慈联）在京举办了以慈善资产保值增值为主题的沙龙。来自慈善组织和金融机构的权威人士围绕主题展开深入探讨，并分享经验。沙龙由中慈联慈善资产保值增值委员会筹备组组长刘文华主持。

**主持人：刘文华**

前两天在一个公益大咖云集的群里面，一位大学老师告诫我：现在正处于经济下行的时期，不要忽悠慈善组织积极投资。听完以后，我小心翼翼作答：如果我一忽悠就能让这些慈善组织改变原来极度保守甚至不作为的情况，那就太好了！我现在只是希望大家先把我们慈善资产管理这件事情当作一个重要问题摆在桌面上来讨论，这离积极投资还有千里之遥。

**刘佑平**（中慈联副秘书长）

中慈联是慈善行业的联合会，把大家聚在一个平台，整体研究慈善行业生态，有什么发展趋势，有哪些短板，如何规划发展？大家一起讨论，一起解决问题。向上，影响相关政府部门的政策；向下，大家要探讨什么问题，有些什么规则，达成最大的公约数，一起去遵守。

金融行业是牵一只手，富人的手。慈善行业是牵两只手，一边是富人的手，一边是穷人的手。我们预计未来5~10年至少有超过1万亿元以上的私人财富将从富人阶层和企业，甚至至少10万亿元的广义上的资本，进入慈善领域，比如说做基金会、比如说做慈善信托等方式。

诺贝尔基金会经过高效投资团队的管理，已由 1900 年的 3100 万瑞郎（大约 2800 万元人民币），发展为今天 33 亿瑞郎的社会资本帝国，其产生的影响力和对世界文明的贡献之大，再怎么高的评价也不为过！与其同时期成立的龚古尔文学奖基金会，由于资产保值增值不善，奖金由 1903 年的 5000 法郎逐渐缩减成为现今的 10 欧元。

慈善法出台后，中慈联筹备资产保值增值委员会，想把有兴趣或有能力来做投资的慈善组织和有兴趣关心慈善事业的金融机构、投资机构，把有志于关心这方面的制度建设和行业研究的学者们聚拢在一起，我们一起商量，怎么做这样一个平台，提高这个行业的慈善资本的保值增值效果。筹备刚刚开始，欢迎大家参与发起。

**段然**（中国青少年发展基金会资产管理部原部长）

基金会是否做投资呢？公益慈善资产是否要进行保值增值？这是战略层面的问题，由理事会定。2015 年壹基金理事长马蔚华讲，应该以商业模式运作公益资金，如果大家不下海游泳是不会被淹死的，但是也永远学不会游泳。

讲一下中国青少年发展基金会（以下简称中国青基会）的做法。首先有一个保障的制度和投资运作流程。中国青基会很早就有《资产管理条例》，还有一个外部顾问团队，初步制定下一年度的投资策略、投资计划、投资结构，提交理事会。理事会通过了年度投资框架，由秘书处责成我们部门实施投资计划。

如果做投资，应配备专职人员，要有一定专业性，这个队伍一定要有与资本市场对话的能力。我们有一套程序，都是有迹可循的，是一个完整的投资闭环。

如果像中国青基会或者是有（10 亿元）类似规模资金的基金会，可以有自己的投资管理部门，有自己的团队。但是对于很多没有那么大的基金会，养一支队伍不太现实，需要大家抱团取暖，需要有第三方值得信赖的管理人，帮助大家做好投资的事情。

**刘金兰**（中国红十字基金会财务部副部长）

我们资金来源主要是捐款和财政彩票公益金支持，每年有两三亿元的捐款，彩票公益金的救助款从 2016 年开始也是 2 亿元，加上理财收入，每年收入来源在四五亿元。我们资产总量在 5 亿元左右。

我们没有对外投资，基本上在银行做一些理财产品，为什么？一是人力投入有限，财务部负责资产管理，财务部有很多财务方面的业务，对投资这一块也不是特别专业，我们是想依托银行一些专业团队的智库、资金池，然后在我们自己开户行里面对同类产品进行性价比较，在几个开户行里来回转悠。

根据我们的资金计划，保证资金流动性的前提下做着一些理财，还是充分利用了资金使用效率，每年保值增值收益在2000多万元。所以每年平均资产收益率是4.5%~5%。我们基本上是在自己的能力范围之内通过一些职业判断去做一些理财。

基金会没有资产管理部门，也没有专门人员，而对外投资也是属于采购服务，现在外部监管比较严格，所以需要有一些配套的东西支撑，这一块就是让财务人员管理资产的一个瓶颈，可能迈不出去。

**史文萱**（中华社会救助基金会财务总监）

目前我们基金会资产1.4亿元，从2009年成立到2013年，没做任何投资理财，没有任何投资收益，资金都存在银行，收益只有活期利息或者定期存款利息。从2013年底开始尝试做一些理财产品。秘书长胡广华认为这些资金可以更好利用，提倡做安全、有效的投资，以弥补一些行政支出和慈善支出。从2014年起，2015年、2016年我们的投资收益逐年增加，2014年投资收益140万元，2015年开始我们签了保本理财协议，投资收益有300万元，2016年截至10月底投资收益530万元。基金会原来没有投资理财意识，2014年起在理事会、秘书长的支持下逐渐开展保本理财投资，投资收益逐年递增。

但是还有很多问题困扰我们，首先我们没有专业人员。财务人员相对谨慎，要规避风险。另外，要考虑基金会现金流动性，还要符合慈善法的“安全、合法、有效”的要求。

希望以后大家的资产可以集中在一起，抱团取暖，利用专业的投资机构，在合法、安全、有效的前提下取得更大的投资收益，让基金会能做更多的善事，更有效地帮助需要帮助的人。

**主持人：刘文华**

刚才这三家基金会反映了我们行业的概况。中国青少年发展基金会在这个行业属于比较个别和领先的，投资品类很多；红十字基金会是属于行业内比较普遍的，做银行存款＋理财；中华社会救助基金会来了新领导，有想法，从原来只是存款到开始尝试理财。

2014年基金会行业4238家基金会，净资产是1057亿元，投资收益率2.71%，2/3的基金会报告情况是只做存款，没有任何投资。最大的50家基金会，总资产410亿元，平均投资收益率也只有3.69%。

2014年工商银行、农业银行三个月存款利息是2.85%，货币基金平均收益率4.51%，所以我们整个行业收益率2.71%太低，中国红十字基金会说4.5%~5%在我们这个行业看还可以，但是跟市场比也不高。

**韩冰**（中国证券投资基金业协会投教与国际部副总监）

全球经济下行大背景下有什么样的方法可以让我们的慈善资金做好这个保值增值？

第一，路径问题；第二，机制问题；第三，制度问题。

先说路径。慈善资金和社保基金非常类似。过去15年，社保基金通过投资，它的平均年化收益率是8.82%，主要投资对象是什么呢？主要是我们的公募基金，我们的基金公司。我们的公募基金公司，从2005年到2016年，存活5年期以上的基金，平均年化收益率17%以上。为了抵抗系统性风险和非系统性风险，从路径上讲，基金公司现在产品其实是具有非常好的投资选择的价值。

再谈谈机制。机制最核心的一个点是信任，资产管理行业的根本是信任。1997年诺贝尔经济学奖获得者默顿三周前给我们做讲座，讲如何建立信任，资产管理过程是不透明的，怎么办？我们相信，做慈善的同事不理解投资是很正常的，所以是不是需要有一个中介，是不是有一个介质，这是需要思考的问题。中小型基金会，我们有没有什么办法？我们现在就是希望能够推动一个新的业态发展，就是投资顾问，代表我们基金会去选我们管理人，去选我们产品。

顶层设计问题，就是在我们制度上是不是可以有所体现，把我们方向引导体现在立法中，体现在我们部门规章中，体现在我们的鼓励性政策中，比如税收问题，我们财税上作一些努力。所以从这三个角度来说我觉得公益资金、慈善资金，通过管理方式实现保值增值，真的前景可期，而且我们有很多方法可以达到。

协会就是做这方面服务的，我们有一个传统的说法，就是决策制定，研究先行，所以我们也非常愿意在探索的时候就与我们行业的各个同人一起合作，能够在研究上做好，能够为我们政策决策提供最具操作性的、最有利于行业发展的研究成果！

**主持人：刘文华**

我们最近正跟中国基金会协会合作一个课题《关于建立基金会资产管理评价体系的研究》。基金会做投资到底有没有什么标准？以前没有。这个评价指标不只对基金会有用，对金融机构也有价值。一证券公司曾考虑要不要为基金会做投资，想了半天还是放弃了，为什么？证券公司领导想，任何投资都是有风险的，捐款让我们做投资，万一赔了呢？没有评价标准，我们说不清楚，压力太大了，没有赚几个钱，还可能被骂死。

**陈伟**（宁波银行北京分行副行长）

宁波银行是一家规模不大但有特色的城市商业银行，资产规模在8000亿元，不良率是0.91%，资本拨备率是300%。刚才听到中国红十字基金会说的4.5%~5%，那是以前的，现在肯定做不到了，因为现在资金还是很充裕的，基本上市场上资金非常富裕，不管银行的钱还是企业的钱都很难流出去。国外负利率在不久的将来我们有可能会看到。所以存款价格是一直往下走的。

理财价格也是往下行的，没有好的资产，贷款价格上不去，银行理财基本上都是资产拆包放进去的，然后组合成理财资产，再拿回来给个人，基本上这么一个模式。如果是贷款定价上不去，没有好的资产，理财价格一定也是下行的。

我们也会给大家一个定制性的，会比社会公开发行的余地和空间大得多，最起码收益率高得多。除了传统业务之外，银监会批了我们等几家银行试点股权类投资。

根据大家的投资偏好，风险和收益一定是正相关的。总有一些风险在里面，决策权还是在基金会自己的手里。

**某资深金融从业者**

企业年金与慈善基金从大的资金性质来讲都是强调安全，有共性。

第一，慈善基金做不做投资？这肯定是要基金会理事会来定。考虑这个问题的时候出发点可能是风险，风险实际上是和时间密切相关的。考虑风险的时候，你是考虑投半年、一年还是两年、三年。这是非常重要的。

追求安全的资金，包括企业年金，慈善资金更是如此了，绝对不允许亏损，这一点非常重要。不亏损的前提下，有没有好的产品来提高收益呢？这实际上是很难的，因为风险和收益是密切相关的。如果想获得更高收益，一定要承担更多风险。投资确实是一件非常难的事情。想在同样安全情况下提高50个基点，是非常难的。所以第一个问题就是做还是不做投资，这要根据自己的资金性质，根据资金期限要求，根据承受风险能力做决策，这是战略上的决策，是理事会的职责。

第二，从技术层面怎么做投资？投资非常难，所以一定要专业的人去做。专业的人做，从基金会的角度来说有两种方式。第一种方式是自己做。你达到一定规模，你用市场化手段建一个团队，这样成本比较高。也许可以找到有慈善情怀的投资经理。自己做的另一种方式是选投资管理人，由投资管理人去做投资，其实也很难的。正如千里马常有，而伯乐不常有。

第二种方式是委托出去。如企业年金管理所建立的框架，正在筹备的慈善资产保值增值委员会，如果法律允许，由其担任受托人非常好。因为是你们慈善行业自己的机构，在行业里面得到信任，然后委员会可以建立一个专业团队，要按照市场化的标准，然后来替整个的慈善行业找可信赖的投资人和投资产品。

**赵小强**（融通基金固定收益部总监）

慈善资金的保值增值在做的过程中，可以参照现有成熟的体系，遵从循序渐进的原则开展。

第一，需要有一个与市场相互认识、相互了解的过程。我们慈善基金本身的投资目标、风险偏好和很多现有的社会其他资金差异还是很大的。做投资第一步，是了解慈善资金本身有什么自己的特征，不但我们作为投资人要去了解，慈善基金本身也需要了解自己的资金有什么特征。

第二，涉及具体投资品种时，我们要有一个循序渐进的过程。就是不需要一开始就做到完美、做到极致，不需要遍及各个产品，尝试各种风险。

如果从投资产品来看，就需要一个由简到繁的过程，从风险、流动性、大类资产等方面，由易到难。

第三，涉及投资人员的问题，我们是希望建立一个强大的队伍自己投资，还是利用社会专业力量对外委托，个人认为，后者可能是更好的路径。

培养自己的内部力量，好处就是成本可以内部化，利益相对一致，但内部化最大问题是什么呢？首先就是激励和动力问题；其次是成本的问题。对于慈善基金而言，高成本往往面临内部压力和社会压力，运作效果可能还不好。

另外，委外投资最大就是信任问题，因为和外部不是利益共同体，必然存在利益冲突和道德风险。

**主持人：刘文华**

我给肖志刚出题：现在这种形势下，慈善组织是否在这个时候还可以买股票？现在买股票是不是赌博？

**肖志刚**（天弘基金公司基金经理）

我今天讲的题目是：控制风险，保值增值。

自有 A 股以来到现在，我国股市大体上经历三次牛市。为什么会跌下来呢？很简单，涨上去了；不涨上去，就不会跌。

为什么股市上发生三次大牛市呢？原因就是中国经历两次互联网红利。我们的股市就像游戏一样，经历三个时代。即使跟道·琼斯相比，中国牛市也是特立独行的，明显跟互联网相关的。微信的安装，新增用户数，这个数字是 2016 年 7 月底见顶的。这就是 2016 年为什么在 7 月份发生股灾，就是跟这个完全契合的。

这就是移动互联网把正常开户的股民激活了，使我们在出租车上，在会议室里面，在车间里都能够炒股票，以前不能炒。把用户数从在营业厅时代 1% 的活跃用户数，变成网上时代 10%，变成移动互联网时代 100%，所以从这个理论上来讲没有第四次大牛市。一切都结束了，回到了一个常态。

我在基金吧里面说要参加一个慈善会，我做一个调查，大家愿不愿意把当天收益捐出来，这是我发的微博，回复是最多的，150 多个回复，除了一两个人，其他人都说捐。

我觉得慈善这个事挺适合我们，天弘基金本来就是一家互联网公司，互联网、股市、慈善是有结合点的。炒股与慈善的共同点就是：钱变少了，这是共同点。区别是一个性本善，一个性本恶。

股市反映的是性本恶，大家都愿意来，蜂拥而至，砸锅卖铁都要来炒股票，早晚是亏钱的，这存在一个特别好的结合点，就是亏钱顺便化缘，大家是很愿意捐的。余额宝基金经理看着我发的帖子100多个回复，他说挺好的事，如果余额宝把一天收益捐出来，那是多少啊？

**孙志勇**（北京规格投资管理公司创始人、CEO）

我想提一个背景。就是说讨论这个事的背景，投资首先应该把它认为是一个科学和一个体系，如果把它认为是一个艺术，这么多人不会变成一个行业。绝大部分这个行业的人对投资者理解没有到科学这个体系层次，就别谈发挥了。

如果说到机构投资者做委托投资，其实决定这些机构投资者做的是长期业绩的高和低，关键因素是这个机构治理。举几个例子，比如负面典型，日本养老金是全球最大的养老金，但过去20年的复合收益率是2点多。作为资产管理公司，治理基础是股东持有人和管理层或者是基金经理利益一致性，或者这三类人一条心，你这个业绩才能够好。一般公募基金，这个问题出在哪儿呢？都是出在股东身上。因为股东要利润，要分成，股东一强势，基金经理离职，持有人的利益得不到保护。

你要做委托投资，第一件事把机构对你的考核搞清楚，然后你要把你的钱搞清楚再来做，否则做这个事很有可能钱和机构的性质与这个事是顶上了。这是第一个讲的，是非常非常重要的。如果说治理结构解决了，那么委托投资也好，慈善基金会也好，大概率上都能做得很好。国内的券商资产管理做得是不好的，原因是各类业务之间是相互干扰的。

慈善做投资，为什么不能完全交给金融机构？不同基金会流动性要求，投资时长要求，对下行的波动要求都是有差异的，金融机构很难能够深刻理解。

第二个讲的，利益和慈善基金会是分离的，这两点导致大部分做委托投资很难完全交给金融机构。

**主持人：刘文华**

刚才说中国基金业协会与中国慈善联合会合作开展基金会资产管理评价体系的研究，我们开了一两次会，如何评价基金会投资做得好不好？金融行业有一些模型，有些高深的指标，对慈善行业来讲，目前可能更需要有一些基本、初级的指标，比如你有没有专门的投资管理办法，有没有专职、专业人员，等等。

### 某高校研究人员

我们对政策到底怎么样影响行业发展，怎么样鼓励大家这一块投资行为，有一定观察。特别是早期，当我们在提慈善信托的时候，很多人都会很振奋地跑过来说，慈善信托列入慈善法是不是给我们慈善行业一个特定安全的又有效的保值增值的方式或者产品？当然现在看来这是对慈善信托一个误解。但是我们现在从侧面来看，这个行业对一个好的、合规的、合法的、安全有效的投资方式其实是有很多期待的。

慈善行业投资要求合法、安全、有效。安全到底指的是完全不能投任何有风险（除了银行存款和理财以外）的产品，还是更多按照现代投资组合的原则来看待这个安全性？有效性又是什么？大家并不了解。

2015 年，刘文华老师给我们做调研时候说道，国外有很多关于投资人谨慎义务、忠诚义务这一块的指引，为什么中国没有？特别到慈善组织这一块为什么没有？而且我们也在探讨说有没有可能有相关的行业内指引，或者说慈善法之下，专门对慈善组织投资细则出台，有一个更好引导大家做这个事情，细化什么叫作安全和有效。去年社保基金投资管理条例出来的时候，业界也有一定的反响。大家看到比例上的限制，看似是限制，其实对细节来说反而是一个推动，其实明确了我可以做的范围，我可以做股票的，只不过要限定在一定范围内。

关于理事决策承担责任。《基金会管理条例》说，如果投资失当，要承担相应责任，要赔偿损失。投资界或者法律界的人比较了解，如果尽职了的话可以免责，如果不够法律上要求的义务是可以免责的。因为对法律本身认知问题，或者因为受制于公众的意识，现在可能还没有提升到那样的程度。所以大家在作决策时候确实是很谨慎、很趋于保守的。

推动这一块发展，优惠政策也是有待于提升加强的。刚才韩冰提到第三个层次，就是制度问题，税收方面、财税方面怎么促进这个行业发展。现在行业内都比较了解是投资收益是不免税的，当然有一些例外。但是整体来说投资收入都不免税，基本上参照企业交税。对于很多基金会、慈善组织来说，这肯定也代表着国家的态度，把这种行为视为一种企业的经营性行为，不认为特别符合你的慈善宗旨，所以要求去纳税。

第二块就是现在增值税也开始来了，营改增，虽然原来好像增值没有提到营业税、增值税问题，但是现在营改增，这一块也被提上了桌面，大家也在讨论将来慈善组织做这个还得交增值税的问题。我们希望通过平台力量或者是委员会力量去推动财税部门在这一块进行一定完善。

**谢晓霞**（北京航空航天大学公共管理学院副教授）

目前，公募基金会的投资收益较低一些，比如中国人口福利基金会这些公募基金会，它们投资固定收益证券较多，资金安全性考虑比收益性更多，投资可能相对比较保守。为什么？大概是因为不同性质基金会的资金来源不同形成的。公募基金会大概有 80% 的资金都是来源于捐赠收入，这些来源于机构和普通民众的捐款收入，构成公募基金会的主要资金来源。那么，对公募基金会而言，必须保证透明度，会涉及公信力问题在里面。所以对公募基金会而言，对资金保值的要求，高于对资金增值的要求，公募基金会的资金安全性第一，这是目前的现实情况。

关于基金会资产保值增值的评价指标或者标准的设计或构建，可以从三个维度来构建。

一是安全性，就是资金安全性。

二是透明度，怎么样保证这个投资下去的钱是透明的，比如，前期是不是有一定的尽职调查报告、可行性研究、预计收益率等，是不是可以作为评价指标需要考虑的因素纳入。中期时候过程监督上是不是非常完善，每个风险控制点都有一定措施和方法步骤，然后是评估，会不会比较全面。这个是从信息披露的动态视角保证资金安全性以及投资安全性的指标设计思路。也就是指标设计中，需要考虑在整个投资过程中的透明性应该怎么保证。

三是指标设计中对投资收益性的考虑。投资效益会不会好，比如收益性可以达到平均水平以上或者以下，或者又可以分为 5%~10%，或者分几个区间确立收益性，这些可以设计数据指标来考察。

另外，还有对于投资产品多样化选择的思考。目前很多慈善基金会都不敢投高风险高收益金融产品，原因是出于慈善资产的安全性考虑，这是第一位的。至于挣多少钱不重要，关键是慈善资金要安全。其实投资产品种类还是很丰富的，只是基金会的理事会敢不敢投资的问题。未来是不是可以发展一些，包括大家说的慈善信托。资本趋利，怎么发挥或者最大化资金或者资本的共享价值，值得研究。

**彭建梅**（中慈联执行秘书长）

公益机构的募款很不容易，这些钱你不去管理、投资，任它在那里贬值，我觉得这也是一种责任的缺失。但是，慈善界的人讲得比较多的或者比较擅长的就是使命与价值，比较羞于谈钱，尽管很需要钱。

慈善法已经讲到“慈善组织为实现财产保值、增值进行投资的，应当遵循合法、安全、有效的原则”，这就提出了问题，就是怎么样合法、安全、有效地管理慈善资产？我们应该在这个法律框架下，建立行业规则。我们可以参考国内银行界、社保基金等方面的管理规定，也可以参考美国的做法，美国的慈善资产管理有一套很好的管理体系，在法律层面有一个各州通用的资产审慎管理统一法，在行业层面有行业自律的标准与指南，所以，每个慈善机构在资产管理方面都有章可循。

慈善的资金和别的资金不一样，有特殊的责任约束和道德约束。中慈联今天请大家来，把投资界、金融界、慈善界、学界、行业协会聚拢一处，希望能先就如何建立一个行业自律性的资产管理标准和指南进行探讨，进一步达成行业共识。

**主持人：刘文华**

今天开这个会，有的基金会说，能不能推荐一些产品？但我对参加今天会议的金融机构说，不要推销产品。筹备慈善资产保值增值委员会的时候，我对金融机构说的最重要的话是，你们不要期望在半年内或一年内能够拿到多少钱或者能够赚多少钱，要有一点长远眼光。很多金融机构本来就在做慈善，基金业协会前两天有一个文章说，调查了 97 家基金公司，其中 10 家设立基金会，有 7 家有专项基金。这 10 家基金会成立以来一共捐了 2 亿元，2015 年一年捐了 3000 多万元，7 个专项基金累计捐赠也接近 1 亿元。金融机构、基金公司直接捐款做慈善，非常好！但是，我们是否还有另外的方式？金融机构能否发挥自己的专业特长，帮助慈善组织做好保值增值，这可能是金融机构履行社会责任的另一种有效方式。

**方瑛**（枫海资本公司创始合伙人、CEO）

我是第一次参加慈善基金会议。只要慈善组织提出一个需求，市场产品是不缺的，只要说出来我要保本，我要多少流动性，给我这个需求，那么市场有无数机构给你们做，我们有做各类产品的，这个是不缺的。关键是要决定做这个事。现在慈善行业各家机构规模比较小，所以不可能都独立出来干。在早期规模比较小时大家抱团取暖，抱团取暖是不是要有这样一个中立机构，大家可以把同样需求的钱绑在一起，通过这样一个平台，有这样一个组织委托给各家机构来做，这也是一种方式。

先通过委托管理方式来做，这样通过委托过程中不断地去摸索自己对投资机构的标准，一个评估体系，一个积极披露标准，然后同时反馈给我们制定法律的部门，完善这样一个制定方法。另外，在这个过程中再培养自己的队伍，可以自己来做这个保值增值这一块。

**主持人：刘文华**

今天我们很高兴，慈善行业和金融行业面对面，我们第一次来讨论这个事情，这个会是一个系列的开始。下一次我们沙龙可能会在金融街，在中国基金业协会或者某一家金融机构。慈善资产保值委员会在筹备，还在寻找发起人的阶段。我们欢迎慈善组织和金融机构参与发起。

# 社会责任

一善染心，万劫不朽。百灯旷照，千里通明。

——萧　纲

# 中国福利彩票

## 2015年度社会责任报告

中国福利彩票发行管理中心

### 福彩与您真诚沟通

中国福利彩票自1987年面世以来，肩负着与生俱来的责任使命。民政部高度重视福彩社会责任，部领导多次在讲话中强调福彩的社会责任，要求各级福彩机构发布社会责任报告，强化福彩社会责任管理，推进福彩健康科学发展。在民政部的领导下，从2014年起，中国福利彩票发行管理中心（以下简称“中福彩中心”）连续3年发布社会责任报告。《中国福利彩票2013年度社会责任报告》作为中福彩中心的首份社会责任报告，旨在向公众普及彩票知识，使公众对福彩有更全面的认识。《中国福利彩票2014年度社会责任报告》结合民政部“阳光福彩”专项行动，详细呈现“阳光福彩”建设的具体实践，同时为公众讲述了一个个感人至深的公益故事，进一步拉近福彩与公众之间的距离。在互联网蓬勃发展的时代背景下，《中国福利彩票2015年度社会责任报告》以加强品牌建设为重点，向公众展示福利彩票多元化的宣传模式和创新的公益活动，彰显福利彩票的阳光品牌形象。

在中福彩中心的带领下，目前已有12个省级福利彩票销售机构陆续发布了年度社会责任报告。有的以朴素易懂的语言和翔实可靠的数据公开披露年度关键绩效，全面展现阳光、透明的运营理念；有的以感人至深的故事展现真实、真诚的福彩形象；有的图文并茂，以生动有趣的卡通形象，让福利彩票更亲民有爱、贴近群众。总体来说，各省级销售机构在全面展示自身社会责任工作的同时，充分发挥自身优势，更翔实地披露了本地区责任指标关键数据，体现了各地不同的工作风格和责任文化特色。

## 部分省级销售机构社会责任报告亮点解读

### 《辽宁省福利彩票 2014 年度社会责任报告》

他们在平凡岗位上默默耕耘，他们用自身的勤奋和努力为福彩事业献计献策，他们始终坚守着诚信福彩的原则。辽宁福彩一直将服务购彩者作为福彩工作的重要使命，报告通过叙事的形式，讲述了投注站业主和福彩工作人员业精于勤、诚实守信的故事，让读者感受到福彩工作人员为福彩事业的辛勤付出。

### 《浙江省福利彩票 2014 年度社会责任报告》

报告以图、表结合的方式，披露了公益金的使用情况以及公益实践项目等内容，折射出浙江福彩致力于推动社会发展，积极开展公益活动的决心。开篇设置的“福彩文化简读”，为读者理解“公益、慈善、健康、快乐、创新”的福彩文化，开启一条快速的通道。

### 《安徽省福利彩票 2014 年度社会责任报告》

安徽福彩报告以一个个感人至深的公益故事，抒发了福彩传播爱心、播撒关爱的公益情怀；以严谨的逻辑、简洁明了的图表数据，展现了福彩规范运营的管理方式。感性与理性碰撞出安徽福彩的社会责任答卷。

### 《江西省福利彩票 2014 年度社会责任报告》

江西福彩在报告中设置了“福彩十问”，针对公众普遍存在的疑问，提炼出十个最受关注的问题，以通俗易懂的语言，为公众答疑解惑，真正回应社会的关切，体现江西福彩倾听社会声音，求真务实的责任精神。

### 《湖北省福利彩票 2014~2015 年度社会责任报告》

“以情动人”是湖北福彩报告的亮点，各章节以丰富的实践案例为支撑，向读者述说了动人的福彩故事，语言生动，贴近大众，十分具有说服力。设计简洁大方，配图极具感染力，读之让人身临其境，全面展现出湖北福彩责任运营，情暖社会的追求。

《湖南省福利彩票 2014 年度社会责任报告》

购买彩票，为的是购买一个希望，奉献一份爱心。然而面对部分购彩者非理性购彩的行为，福彩机构该怎样做呢？报告中披露了湖南福彩专门针对购彩者的购彩心理，开创心理危机干预办公室等一系列的创新实践，通过提供针对性的心理辅导、量身定制的理财方案等服务，帮助购彩者理性购彩，开启购彩者美好的生活和未来。

《广东省福利彩票 2014 年度社会责任报告》

聚沙成塔，汇爱成河，每一张小小的彩票都是一片爱心的凝聚。广东福彩报告以平实的文字，色彩鲜明的图片，穿插着具有广东特色的文化元素，为读者刻画出福彩公益金的去向图，表达了广东福彩对社会福利事业的一片赤诚之心。

《深圳市福利彩票 2014 年度社会责任报告》

30 多年的发展，使深圳这座城市一直保持着锐意创新的优势，深圳福彩作为全国唯一一个保留省级销售机构资格的副省级城市，承担着彩票创新的使命。深圳福彩极具创造性地在报告中使用了 SWOT 工具，以“优势、劣势、机会、挑战”四个方面对福彩的发展战略进行了详细的分析，并制定了努力的方向。体现了深圳福彩不断反思、规划其发展战略的深刻用心，同时给予公众一个了解其实践意义的机会。

《广西壮族自治区福利彩票“十二五”社会责任报告》

福彩是惠泽于众的爱心事业，广西福彩以“爱”作为报告的灵魂，开篇一首“爱在风采中”道出普通福彩人热爱福彩事业，志将福彩之爱播撒大地的心声。山水秀丽的广西是少数民族聚居地，蕴含丰富的文化。报告中，带有浓郁地域文化标签的广西福彩吉祥物“福豆”作为讲解员，带领读者走进广西福彩的世界，为读者答疑解惑。亲切的语言风格、活泼的表现形式，展现出广西福彩报告“阳光福彩，携爱同行”的主题。

**《甘肃省福利彩票 2014 年度社会责任报告》**

中国福彩事业从无到有、从小到大，离不开广大购彩者的支持和贡献。服务好购彩者是福彩机构一直以来的追求。甘肃福彩在全省设置了福彩热线，真诚地面对购彩者的投诉，为购彩者解忧排难，并引导购彩者理性投注、量力而行；完善兑奖流程，方便购彩者兑奖。甘肃福彩周到、细致的服务工作真正体现出其“热情服务每一刻，优质服务每一天”的服务理念。

**《海南省福利彩票 2014 年度社会责任报告》**

“管理有道”是海南福彩社会责任报告的重点内容，规范的管理是福彩事业的根本。报告中，你可以看到海南福彩如何通过完善制度建设来规范福彩的管理工作，从而打造“阳光福彩”的品牌形象，同时在规范中激发福彩人昂扬向上的工作激情，展示福彩人的时代风貌。

**《重庆市福利彩票 2014 年度社会责任报告》**

大胆创新的颜色组合和创意设计，是山城重庆激情似火城市性格的绝佳写照，报告以“数说”的形式、丰富的图表数据披露了重庆福彩自成立以来的关键绩效，呈现出重庆福彩积极履行社会责任，务实做好彩票运营工作的缩影。

为提高各省级福彩中心对社会责任工作的理解和重视，2015 年 6 月，中福彩中心下发《关于加快推进福利彩票社会责任建设工作的通知》，推进各省级福彩中心发布社会责任报告。我们希望通过这种形式，解答公众心中的疑问，加深广大群众与福利彩票之间的交流，传播福彩的公益理念，让公众感受到福利彩票与您真诚沟通，悉心在您左右相伴。

## 公益使命篇

### 主任谈福彩品牌（中福彩中心主任　王素英）

中国福利彩票自 1987 年面世以来，已经走过近 30 年的历程，经过近 30 年的探索和发展，筹集公益金超过 3000 亿元，取得了令人瞩目的成就。2015 年是全国福彩系统砥砺前行的一年，克服经济下行等不利因素影响，坚定信心，迎难而上，全年销量再次突破2000亿元，达2015.11亿元，筹集公益金约564亿元（计提数），代扣代缴偶然所得税超过30亿元。

近30年来，中国福利彩票始终按照“扶老、助残、救孤、济困”的宗旨，资助为老年人、残疾人、孤儿、特殊困难等人群提供服务的社会福利设施建设和受助对象直接受益的项目，已成为我国发展社会福利事业的重要支柱，为改善民生和促进社会和谐作出了突出贡献。虽然福利彩票事业蒸蒸日上，福彩公益金的功效有目共睹，但长久以来，由于我们的宣传工作不到位、不及时，许多公众始终认为福彩披着神秘的面纱，对福彩缺乏了解。在当今互联网发展的大背景下，中福彩中心越来越认识到加强与公众沟通的重要性，在认真做好自身工作的基础上，也要努力创建与公众沟通的平台。2015年，中福彩中心和各省份福彩机构积极投身公益与宣传事业中，通过邀请公众代表和媒体走进开奖演播厅，走进彩票生产现场，参与福彩公益活动等多项措施，拓宽公众了解福彩的渠道，拉近福彩与公众之间的距离，让公众了解游戏的公平和公正，了解福彩的爱心和善意，让更多的人参与到福彩的事业中，也让更多的人从福彩事业中受益。

福彩是一项利国利民、造福社会的事业，在为公众提供娱乐消遣的同时，更为社会福利事业作出了贡献，我们相信只要坚持从善如流，坚持公开和阳光的运营管理，坚持对公益事业的那份坚守和责任，更多的公众将认同福彩事业和福彩品牌，我国的彩票事业将迎来更加灿烂美好的明天。

**书记讲彩票文化（中福彩中心党委书记　张　忻）**

文化总与人们的信仰、思想意识等联系在一起。福彩文化，顾名思义就是从国家发行彩票、从业者的行为规范、购彩者购买彩票中折射、反衬出的文化要素。

我国开办福利彩票事业的初衷是团结各界热心社会福利事业的人士，发扬社会主义人道主义精神，筹集社会福利资金，兴办老年人、残疾人、孤儿等福利事业和帮助有困难的人，即“扶老、助残、救孤、济困”，这也明确了中国福利彩票必须坚持的公益和慈善方向。福彩低门槛重参与，对于广大购彩者来说，购买彩票是为社会奉献爱心的表现，同时也满足了购彩者的精神文化需求，而福彩在游戏设计、宣传营销中传达出来的“多人少买、寓募于乐、重玩轻博、理性投注”的绿色健康购彩理念，也引导购彩者在参与福彩事业中传播快乐、分享快乐。最后，福利彩票是改革创新的产物，由于坚持改革创新，才得以不断发展壮大。理念创新、技术创新和管理创新是福利彩票持续发展的命脉。

“公益、慈善、健康、快乐、创新”的福彩文化始于福彩诞生的土壤，是福彩事业的灵魂，是福彩发行的内在动力和精神支撑。作为中国目前最大的公益慈善事业，中国福利彩票已经成为引领社会公众奉献爱心、弘扬美德、传播慈善的重要载体，成为发展社会福利事业和公益事业的重要支柱。在福彩文化的浸润下，中国福利彩票恪守“公平、公正、公开、公信”的诚信原则，突出“激发民众善心，汇聚大众善行，服务公众利益，增进公共福祉”的价值追求，为社会中需要帮助的群体带去了温暖，为社会福利事业作出了重要的贡献。2016 年是“十三五”规划的开局之年。今后 5 年，是我国全面建成小康社会的决胜阶段，福利彩票面临着重要发展机遇。我们将深刻认识福利彩票发展的阶段性特征和要求，坚持弘扬“公益、慈善、健康、快乐、创新”的福彩文化，同时树立并贯彻创新、协调、绿色、开放、共享的发展理念，推动福彩事业持续健康发展。

责任与爱，薪火相传。我们相信，通过中福彩中心与社会公众的携手努力，能让更多人感知到福彩在您身边，分享到福彩的成果！我们期待，通过福利彩票搭建爱心公益平台，广泛弘扬奉献爱心的福彩文化，将幸福送至千家万户（未完待续）。

# 与 NGO 联手打造透明、可持续公益模式

## 361° 公司："One cares One 买一善一"

### 引言

"基于先期调研—率先利用数据库—确知受捐群体具体所需—专门定制捐赠物资"的"消费性"模式公益项目旨在搭建起消费者与公益捐助的桥梁，为消费者打造一个真实参与公益活动的平台，实现公益行为的长效和可持续发展。

## 项目背景

2013 年 3 月 20 日《中国贫困山区光脚儿童报告》的发布，让山区孩子"缺鞋穿"的现实展现在了全社会的眼前，同时也让一直坚守社会责任和探索，做创新型公益的 361°（中国）有限公司（以下简称 361°），找到了一种更加透明化、可持续性进行的公益模式。361° 发现，已有很多公益帮扶项目满足了贫困儿童的部分需求，捐衣捐物的项目都不乏身体力行的参与者。但是对于贫困儿童鞋的需求，受尺码不固定、周期的难以保障等执行因素的障碍，这部分物资十分匮乏。鞋是孩子们生活和成长必不可少的物品，他们能否自如地跑跳、无忧无虑地玩耍运动，都需要鞋子来给予双脚必要的保护。

为了能让善举更好地解决贫困山区儿童的实际需求，为了能让公益活动真正做到一对一传递，361° 联合中国扶贫基金会共同发起了"One cares One 买一善一"慈善公益项目。该项目期冀以全新的、易实现、公开透明的消费性公益模式实现公益的可持续性，实现一对一的真实爱心传递。

## 项目理念

"买一善一"旨在搭建起消费者与公益捐助的桥梁，为消费者打造一个真实参

与公益活动的平台，实现公益行为的长效和可持续发展。每当消费者购买一双公益专款鞋，企业就会以消费者的名义给贫困山区的孩子捐赠一双崭新的运动鞋。企业号召和鼓励更多爱心人士投入社会公益活动中，实现对贫困地区孩子的捐助，让孩子们可以健康成长，尽情运动。参与“买一善一”，让所有孩子有鞋穿。

## 项目内容

《2011 年度中国慈善捐助报告》指出，2011 年度全国款物捐赠总额 845 亿元，其中物资捐赠总价值 159 亿元，主要领域为教育和扶贫。在这些看似庞大的数字之后，由于科学调查与统计的匮乏，很多的捐赠物资由于并不能满足受助群体的需求而造成了巨大的捐赠浪费。而“简单粗暴”的粗放型传统捐赠方式，给受助群体尤其是贫困地区的孩子带来的心理冲击和影响，绝少有人考虑到。长期以来，国内的公益慈善捐赠存在着“不问所需，我有啥我捐啥”的现象。慈善捐助往往停留在“一次性、运动式”的模式上，灾情来了，你捐、我捐、企业捐、个人捐……不可否认，这些集中捐赠解决了困难群体的燃眉之急，但更广大的因病返贫、因灾返贫的贫困人口在之后的长期生活里却得不到足够的帮助、有针对性的帮助。另外，比起定向、定点、定人的专项捐助，这种“项目筹措”式的捐助，一方面体现了我国民众的公益心，但另一方面随着新闻话题不再具有热度，民众的关注也就很快减弱甚至消失。全社会“一次性”把热情投入进去，进行了一次性的捐助后，对接下来进一步的救助需求，往往就没有下文。再加上国内很多公益组织在运作方面欠缺科学的经验，捐赠物资分配不均、不科学的现象也偶有发生。

而由于贫困人口聚居的地理位置通常较偏远，加之交通不便、信息传递不便等诸多客观因素，爱心企业或爱心人士个人往往既没有精力、物力和人力去做针对性的先期调查，也无法确知待捐助的人群的具体需求，进而整个社会也就无法做到“缺啥捐啥，按需而捐”。贫困地区仍有大量的儿童缺鞋穿，“两年只有一双鞋、与兄弟姐妹合穿一双鞋、鞋穿得实在无法穿了才能有新鞋”的现象比比皆是……而 361° 不止一次地看到，很多迫切需要得到援助的贫困地区的人们，往往一下子收到很多本根本用不完的字典，收到很多不合身的衣服、不合脚的鞋子。通过《中国贫困山区光脚儿童报告》可以了解到，受访的两所村小的小学生们获得少量鞋类捐赠，捐赠者直接将鞋子寄到学校，由学校安排发放。该村小学校长谈到此事时说："去年（2012 年）收到过一批鞋子，361° 看情况就发下去了，有的孩子给了两三双；有的一双都没有，因为没有适合他的尺码的鞋子。""（以前）曾经有小学生领到的鞋子是 40 多码的，根本没法穿。"如果 361° 要给孩子们捐鞋，应该怎么捐？这里面可能就涉及诸多琐细，但必须面对和必须解决的问题。比如，每个孩子鞋子的尺码是多少；长年在山里行走，他们平均多久就需要换一双鞋；正在成长期的他们，多久需要换一双更大的、具体多大尺码的鞋……这些问题都是"One cares One 买一善一"项目中需要重点解决的问题。

2013 年 4 月 1 日，由 361° 与中国扶贫基金会联合发起的"One cares One 买一善一"公益项目在北京正式启动。该项目是国内首个"基于先期调研—率先利用数据库—确知受捐群体具体所需—专门定制捐赠物资"的"消费性"模式公益项目，其帮助对象主要为中国广大贫困地区严重缺鞋的小学生。"One cares One 买一善一"公益项目的"消费性"体现在，消费者每购买一双 361° 指定的公益专款鞋，就同步以消费者的名义向受捐赠的贫困小学生捐出一双适合其尺码的鞋子。该项目中，受捐赠小学生的联络地址、鞋子尺码等数据信息，全部来自于扶基会的贫困儿童数据库，并借助"天猫商城"这一国内领先的电子商务平台，利用其完善的物流环境作为商品的售卖与递送、善品的捐赠与递送的在线平台。这样，一方面不但加快了捐赠物资的物流速度；另一方面也有助于透明公益的执行实施。同时，每一位参与者也是监督者，有效杜绝和避免了因监管的缺失和环节上某些漏洞的存在而导致的各种问题的发生。而每一位参与的爱心消费者也能直观地看到被捐赠的鞋子的物流信息，让爱心捐助呈现在爱心消费者眼前。小学三年级的李五香穿着一双"快板鞋"，鞋底与鞋面早已分开，一根旧鞋带将它们捆起来勉强能穿。每天早晨，她都会把鞋子重新绑一下，生怕鞋子坏在上学的泥巴路上。上体育课时她默默地待在教室里不敢出去。"快板鞋"连快步走都困难，更别提跑步了。放学后，五香还要穿着"快板鞋"走半个小时的羊肠山路去自家的地里干农活。干农活时，她会小心翼翼地收起这双鞋，光着脚挖土豆、背粪，害怕仅有的这双鞋彻底不能穿了。就是这样一双鞋，都是别人送的，五香从来没有过属于自己的一双新鞋。李五香家在贵州省纳雍县，纳雍县属国家 14 个连片特困地区县。五香家有 7 口人，兄弟姐妹 5 个，是当地的低保户，每年全家有 4000 多元的低保收入。吃穿尚且难以维持，更别说给孩子们买双新鞋了，懂事的五香也从来没和家里提过。2013 年 4 月，“买一善一”的第一次捐赠覆盖了纳雍全县 34 所村小的 9278 名小学生，这一次五香和姐姐妹妹同时拥有了自己的崭新的粉红色运动鞋。傍晚回家时，五香在破旧的砖瓦房里准备着家里 5 口人固定的晚餐——土豆条和玉米面饭。五香看着“买一善一”送来的新鞋，露出浅浅的笑。这双新鞋是他们一家人见过的最好的鞋子。连父母都说：“孩子有了新鞋非常高兴了，干活都会勤快一点。”项目的执行具体有以下几个环节：

1. 数据采集。“One cares One 买一善一”项目的联合发起方——中国扶贫基金会，负责该项目受捐儿童数据库的提供与更新，并监控所有捐赠物资的执行发放与反馈，确保项目全程公正、透明、有效地实施。在采集数据及生产阶段，中国扶贫基金会专门走入受赠地区，进入贫困山区各个小学班级，逐一用量脚器采集孩子的鞋码，再将数据反馈给 361° 童鞋生产部门进行生产。

2. 鞋款研发。为了让贫困山区里的孩子们能有一双合脚、护脚的鞋，361° 为此专门成立了研发小组，研发定制“买一善一”成人鞋与童鞋。捐赠给孩子们的童鞋，是在工作人员进行实地考察、考虑了实际的穿着环境之后，特别打造的“鞋底更耐磨”“鞋身更护脚”的“加强版”运动童鞋，更适合贫困地区山路以及道路不平坦的情况。为了吸引更多的消费者参与到此项公益项目中来，361° 的研发设计团队也将此款“尚”系列单品鞋打造得简洁大方、轻便舒适，采用的亮丽的色彩引人注目，为消费者打造一款“尚单品”。

3. 鞋子生产与配送。361° 在生产时，尽量考虑到生产鞋码比采集到的鞋码大 1~2 码，以适应不断成长的孩子的需求。在配送阶段，受交通状况的影响，捐赠鞋要先被统一运送到受捐县里，再由对应学校的老师到县里领取，领取后再运回学校，一一发放到学生手里。

4. 消费者参与方式。消费者进入天猫“买一善一”旗舰店，购买任一款“买一善一”专款鞋，消费者下单的同时，系统会自动为该消费者匹配一名山区缺鞋儿童，并自动触发匹配短信发送给消费者。“买一善一”将以该消费者名义，向这位儿童捐赠一双“买一善一”爱心童鞋。消费者可通过匹配短信了解受捐儿童的具体姓名、学校、班级等信息，也可以随时登录“买一善一”官方网站、微信服务号等，对捐赠进度进行查询。当童鞋发放至孩子手中后，消费者还会收到一张来自山区由受捐儿童亲笔书写的“回音卡”，以表感谢。整个参与流程中，消费者可以充分感知到“买一善一”的捐赠进度和捐赠细节，是一次参与便捷且颇具新意的公益体验。

5.“买一善一”志愿者行动。当捐赠数量覆盖完一个县，“买一善一”会征集志愿者参与“买一善一”落地捐赠活动。志愿者将作为爱心消费者的代表，进入山区学校，将童鞋亲手逐一发送至孩子手中。志愿者队伍通常在带去鞋子之外，还会自发带去袜子、围巾等礼物，在学校亲手给孩子换上新袜子、新鞋子，并走进教室，给孩子们带来别开生面的特殊课堂。2013 年，“买一善一”共展开了 4 次落地捐赠活动，分别进入贵州毕节纳雍县、贵州毕节大方县、四川凉山美姑县、四川凉山昭觉县进行落地捐赠行动。网络选拔参与的志愿者达 50 名，连同工作人员，一共有 112 名志愿者走进山区参与进山捐赠行动。

## 特色及创新

“One cares One 买一善一”公益项目用多元化的创新，尝试解除目前整个公益环境中的诸多窘境。

首先，“One cares One 买一善一”公益项目开创了一种“基于先期调研 + 消费性 + 实名制 + 一对一”的模式，它采用了更科学的运作和管理模式，并尝试有效解决“供方”“需方”的信息和物资相匹配的问题。中国扶贫基金会前期发布的《贫困地区小学生缺鞋状况调查报告》，则从一个侧面证明了这一创新性模式的可行性和前瞻性。

其次，借助“天猫商城”，将消费者的消费数据与中国扶贫基金会提供的受捐儿童数据进行无缝对接，同时确保了捐赠过程的信息透明和物流过程的“可视化”。捐赠全程的透明化、阳光化，不但打消了爱心消费者的顾虑，物流过程的全程可视，则又让受捐助的对象在爱心消费者的心里形成了一种逼真直观的印象，容易使公益、使慈善真正落到实处。不仅如此，该项目还通过支付宝二维码支付技术整合，让民众的线下爱心捐赠更加便捷化。每一双专款鞋上都印有支付宝公益二维码，方便用户通过手机扫拍二维码实现捐赠。用户还可通过任何官方渠道公布的公益二维码，第一时间实现买捐，既不用跑银行，也免去了现金汇款的烦琐。独立于 361° 官方旗舰店，“买一善一”专门开设了“买一善一”官方旗舰店，专门用于消费者参与“买一善一”。

再次，受捐助的贫困小学生的数据库由中国扶贫基金会负责提供与更新，同时扶基会也肩负着全程监控、实时追踪所有捐赠物资执行发放的责任。让慈善捐助提升到精细化、专业化的高度，为国内整个公益环境的进一步提升和改善带来了巨大帮助。

最后，捐赠物资的标准化，降低了爱心人士的捐赠难度。只要轻轻点一下鼠标，每给自己购买一双鞋，贫困山区的孩子就得到一双崭新的运动鞋。

（来源：《责任之道——企业社会责任优秀案例（2013）》，中国社会出版社）

# 慈善组织

如果说美貌是推荐信，那么善良就是信用卡。

——［英国］布尔沃·利顿

# 坚持党的领导，走中国特色的社会组织之路

## ——2016 年度中国慈善联合会党建工作报告

王爱平

引言

新时期、新形势下，社会组织不断发展壮大，已经成为我国社会主义现代化建设的重要力量，成为党的基层组织建设的重要领域。加强社会组织党建工作，注重社会组织的政治方向，让党的旗帜在社会组织中飘起来，具有十分重要的现实意义和深远的历史意义。

2016 年，在民政部直属机关党委的统一领导下，在民政部民间组织服务中心党委的具体指导及关心支持下，中国慈善联合会（以下简称中慈联）党支部认真贯彻落实党的十八大以来的新精神、新要求、新任务，认真贯彻落实中共中央办公厅《关于加强社会组织党的建设工作的意见（试行）》精神，重点在保证社会组织的政治方向、团结凝聚群众、推动事业健康发展、建设先进文化、服务人才成长和加强自身建设四个方面开展工作。

## 一、注重政治方向，让党的旗帜在社会组织中飘起来

新时期、新形势下，社会组织不断发展壮大，已经成为我国社会主义现代化建设的重要力量，成为党的基层组织建设的重要领域。加强社会组织党建工作，注重社会组织的政治方向，让党的旗帜在社会组织中飘起来，具有十分重要的现实意义和深远的历史意义。

中慈联党支部成立后，认真学习党的十八大以来以习近平同志为核心的党中央高度重视社会组织工作的系列论述精神及要求，将“保证社会组织的政治方向，

让党的旗帜在社会组织中飘起来”作为中慈联党支部的第一要务。第一，抓党建、挂党旗。在中慈联办公环境十分紧缺、租房价格十分昂贵的情况下，腾出办公室建立“党员活动之家”，将党的旗帜挂起来。第二，“两学一做，班子带头”。编制了《2016年“两学一做”学习教育安排表》，严格按照时间节点进行主题学习讨论开展活动。第三，创新学习形式，建党员微信群。2016年，线上交流学习近百条。为加深学习印象，巩固学习成果，增加了考测环节。2016年中慈联党支部上报的关于学习党的十八届六中全会的心得体会、学习方法，均被民间组织服务中心党委微信公众号“民政部社会组织党建在线”采用刊登。第四，带领群众一起学。开展“我与同事一起学”的党员“传、帮、带”“结对子”学活动，推动了中慈联全体员工学习习近平总书记系列重要讲话、学习业务知识、做好本职工作的热潮。

## 二、注重模范带头作用，让党员在群众中“火”起来

注重发挥党员的先锋模范带头作用。以“三会一课”制度为支部工作抓手，定期召开支部党员大会、支部委员会、党小组会，定期进行党课教育，用创意新颖、形式多样的方法组织党员开展活动，如“与党一起过生日”主题党日活动、“回忆红军走过的路”的诗歌撰写活动。

2016年，支部多次组织全体党员学习党章，重温入党誓词，开展“不忘初心，规范党员行为，发挥党员先锋模范作用”教育活动。建党95周年纪念活动日，支部根据中慈联大多党员年轻、高知、海归的特点，用中文、英文、法文、德文宣读入党誓词及唱《国际歌》。用词朗诵的方式回顾学习感受中国共产党的党史。生动活泼的党史教育，丰富多彩的党员活动不仅增强了党员的荣誉感、责任感、使命感，而且还深深地吸引一大批青年员工主动靠近党组织。

开好民主生活会，深刻剖析自己。一是针对党员中普遍存在着的“自我学习意识不足”“专业知识积累不足”，党支部与秘书处在“善修驿站”“学习沙龙”活动中，用“请党员员工上台讲，讲学习内容，谈学习体会”的方法，给每名党员配备学习日志本，让党员自行拟订学习计划并做学习记录，定期检查；二是要求全体党员自定标准、要求，主动学习行业内知识，积极参加行业内活动与研究，定期分享互相学习；三是将中慈联员工内训与党内学习相结合，党建工作与业务

学习一起抓，大大提高了党员学习的主动性、自觉性、自律性和业务能力。

在实际工作中，中慈联党支部要求全体党员要学以致用，与实际工作相结合，学在前、干在前、吃苦在前，主动接受群众监督。具体采取了党员工岗摆放党牌、亮身份、公开场合佩戴党徽活动。通过学习及系列活动，涌现出一大批被群众认可、交口称赞的好党员业务骨干，如张文晓、马天昊、郑莹、魏婕、王丹、王二江等一大批好党员。

如今，中慈联支部的“三会一课”制度已经成为健全党的组织生活、严格党员管理、加强党员教育的重要工作方法。

## 三、注重党社联动，让党的工作与业务工作同步转起来

注重将党的工作与业务工作同步转起来，注重将党建工作和完善社会组织治理统一起来，与社会组织业务活动同步谋划、同步开展。

支部结合中慈联自身特点，创造性地将“两学一做”学习教育活动等党的系列活动与中慈联的业务工作，与2016年颁布实施的中国首部慈善法宣传教育普及活动结合起来，先后开展了“不忘初心，立足岗位作贡献”主题讨论学习会、党员风采展示、党员承诺践诺活动，组织全国性慈善法培训；走访会员单位，宣传慈善法；深入基层社会组织调研慈善力量参与扶贫攻坚的研究课题，成功策划组织由全国城乡社区慈善家及社会知名人士参加的“慈善总动员”大型慈善法宣传活动，有力推动了慈善法的宣传普及，受到广大居民、业界的一致好评和赞赏。在由民政部组织召开的第七届中国慈善人物颁奖大会中，中慈联党支部带领全体员工全力以赴参与了大会的组织协调会务工作，为会议的成功举行作出了积极的努力和贡献，受到领导的高度赞扬。

## 四、注重阵地建设，带领社会组织永远跟党走

中慈联党支部创造性地开展了党员联系群众活动，编制党群联络网格化小组，每名党员点对点团结一名到三名群众，让党的最新动态、政策文件精神及时传达给群众。同时，充分聆听群众的心声，让群众的意见和建议及时反馈至党支部。

开展“慈善力量参与扶贫攻坚”调研。2016年中慈联党支部组建慈善课题研

究调研小组，多次深入甘肃、河南、四川等地区开展“慈善力量参与扶贫攻坚”的课题调研。

从 2017 年开始，党支部正在开展区域内会员单位党建情况摸底调查。调查问卷返回后，将组织党员及员工进行梳理分析研究，争取在会员单位中实现同业共建、龙头带建，实现党的组织在会员单位中全覆盖。根据需要，为会员单位党建提供更精准的服务，让会员单位充分体会到党建在社会组织中的力量。

总之，中慈联党支部自成立以来，在上级党委的正确领导下，坚持“围绕工作抓党建、抓好党建促工作”的工作思路，通过加强党的思想建设、组织建设、作风建设和制度建设，充分发挥共产党员的先锋模范作用，不断增强党支部的凝聚力和战斗力，引领全体党员同志自觉主动学习、增进党性修养、强化理想信念、投身慈善事业，激发广大非党员同志认识党、了解党，向党组织靠拢，立足本职岗位，服务机构发展，为中慈联的各项工作提供了坚强有力的政治保证和组织保证，为推进慈善事业的发展发挥了不可替代的作用。

（作者系中国慈善联合会党支部书记、副会长兼秘书长）

# 华萌基金的慈善征途

张明敏

## 引言

华萌基金是专注于教育的专项基金，2007 年由 TCL 集团董事长李东生与夫人魏雪联合中国青少年发展基金会共同发起，这也是希望工程成立 18 年来设立的首个企业家个人公益基金。

近 7 年时间里，这只基金和它的创办人在教育领域不断播撒慈善的种子，其实也是一段因受教育而兴的反哺经历。

## "华萌"萌芽

"我是恢复高考后的第一届大学生，知识改变了我的命运，我们愿意在有能力的情况下，通过支持贫困地区的教育事业尽绵薄之力回馈社会。" 2007 年 12 月 TCL 集团董事长李东生在广东惠州华萌基金成立现场向台下数百名东升希望小学的学生畅谈自己的慈善理想。

这一天是华萌基金诞生的日子，作为教育的受益者，知识为李东生在事业上的攀登奠定了坚实基础，由他率领的 TCL 大军在中国电子消费领域纵横驰骋。

商业上的成功只是李东生的一个目标，而他另外一个目标则是慈善。经过 9 个月的筹备运作，2008 年 9 月，这只专注于教育领域的专项基金确定了具体的资助内容，主要面向以广东地区为核心的两类人群，一是贫困地区的高中学生；二是贫困地区的教师，根据华萌基金的规划，将从 2008 年起资助广东省惠州市华罗庚中学"华萌・宏志班" 5 届总计 250 名学生完成全部三年高中学业，资助标准为每人每年 8000 元，资助总额达 600 万元。对于执教乡村的优秀教师，从 2008 年起 5 年内，华萌基金将在广东省惠州市实施"乡村教师烛光奖"表彰计划，每年表彰 100 名教师，奖金每人 5000 元，总额达 250 万元。

至此，“华萌”的慈善版图就此打开，据李东生夫妇介绍，华萌基金5年内的累计投入将超过1000万元人民币。

## “宏志班”的克隆模式

任何事物播种容易，培育不易，慈善尤为如此。

2011年华萌基金在2008年资助的首届“华萌·宏志班”的50名学生经过3年努力全部考上了大学。2012年第二届50名学生中有49名毕业生考入大学。成绩取得来之不易。2010年6月华萌基金又增设“大学圆梦华萌奖学金”，鼓励优秀学生继续深造。

广东惠州的“华萌·宏志班”被李东生和夫人魏雪寄予了诸多期望，如此高的升学率又让他们有了想选择在异地复制“华萌·宏志班”的想法。2008年华萌基金设立的首届惠州“华萌·宏志班”5年后，该模式被克隆到了云南大理。

2013年4月20日下午，云南大理第一中学“华萌·宏志班”成立并正式对外招生。

按照惠州“华萌·宏志班”的成功模式，从2013年起至2017年，面向云南省招收农村家庭经济困难的优秀初中应届毕业生，预计5届累计资助农村家庭经济困难学生250人，投入捐助资金累计达760万元。

“华萌·宏志班”在云南落地成为云南希望工程历史上企业家个人捐资最多、资助额度最大的一次公益捐赠。

## “华萌”的善缘

教育改变了李东生的命运，而在高中阶段李东生的班主任高君昭老师的关怀则帮助他坚定了人生的奋斗方向，也为日后创立华萌基金播种了善缘。

1927年出生的高君昭，终身从事教育工作。1973年，担任74届高三（2）班的政治老师兼班主任的高君昭与李东生结缘，一心想报考文科的李东生，被高老师认为文科并不是他最理想的选择。最终李东生选择了理科，这也成就了李东生以后的职业道路，也才有了李东生和TCL风风雨雨的30多年。

2013年3月高君昭老师辞世，李东生为报答恩师专门在华萌基金中增设“高君昭奖教奖学金”，捐赠总金额 150 万元，分 10 年拨付，用于奖励惠州四中品学兼优的学生和师德高尚、业务精湛的在职教师。

在高老师遗物中，有一张珍贵的剪报，那是 2012 年 3 月 5 日《南方都市报》刊登的 2012 年“两会”期间中共中央政治局常委的李长春为全国人大代表李东生整理领带的新闻图片，他一直收藏。

回想起当年的青葱岁月，李东生感慨万分，他说：“高老师对我的谆谆教导，让我终生难以忘怀，并让我常怀感恩之心，做一个有爱心的人。”

## 最大一笔捐赠

2010 年 9 月 20 日，华萌基金完成了自基金成立以来的最大一笔捐赠，李东生代表华萌基金将 3000 万元的支票交给了华南理工大学。该笔经费将用于支持华南理工大学教学与科研计划，这也成为华南理工大学迄今收到的最大一笔个人捐款。

华南理工大学是李东生的母校，李东生作为恢复高考后的第一届大学生，在这里完成了 4 年无线电专业的学习。

华萌基金从 2007 年设立广东省惠州市华罗庚中学“华萌 · 宏志班”与“乡村教师烛光奖”的发轫，到“大学圆梦华萌奖学金”再到向华南理工大学母校捐款，直至设立现在的“高君昭奖教奖学金”，李东生夫妇向华萌基金的捐赠已超 4000 万元，因受益于教育又反哺教育的华萌基金创始人李东生，在教育领域描绘的慈善版图正在迅速扩张。

（来源：《公益时报》）

# e 互助：
## 共享经济到底怎么玩

高文兴

### 引言

Uber 2015 年的汹汹来袭相信大家都已经有所领教，这场全世界范围内的运动式事件足以载入经济史、科技史和互联网史的史册。为什么它如此之火？在许多国家纷纷针对其出台打击政策的情况下，群众对这款 APP 的热度却不降反升，为什么？归根到底，就是“共享经济”。

共享经济以“按需分配”为核心，重筑了陌生人之间的信任，让用户在保住钱包的同时更有意外的人际收获。不少经济学家已经预言，共享经济已经势不可当。

毫无疑问地说，共享经济的血液中天生就是带着“互助”这种公益基因的。于是，在“互联网 +”的大潮下，中国公益圈早已跃跃欲试，纷纷欲拿共享经济做文章。

眼看着 Uber 的野蛮生长，眼看着公益圈的口水已快汇流成河，谁能给个答案：共享经济在公益圈怎么玩？或许这个例子能给大家一点启发。

41 周岁的黄志强是广东惠州人，原本生活波澜不惊。但在 2015 年 3 月的一次检查中，他不幸被确诊罹患乙状结肠癌，同时还伴随腺上皮重度不典型增生伴部分癌变。因为没钱，他在完成第一次手术后，就选择放弃更深度的治疗，一家四口仅依靠妻子每月两三千元的微薄工资艰难度日。

但事情还没到达让人彻底绝望的地步——黄志强在 2014 年不经意间参与的一个互助计划给他带来了一线生机。

这项计划全称为“e 互助”抗癌无忧计划，因为他的会员身份，他得到了 40 万元的互助金，这是由约 28 万名计划会员每人均摊 1.42 元为他筹集而成。6 月 25 日，这笔资金通过银行划账方式到达黄志强的手中。

更有热心会员帮他联系好国内权威肿瘤医院。6月29日，黄志强在妻子及“e互助”志愿者的陪同下，从广东惠州的家中前往广州中山大学附属肿瘤医院进行检查。黄志强听从医生安排，将在近期开始化疗。

## 对共享式互助的一次初探

以上是“e互助”平台上发生的第五宗互助事件。自2014年7月正式上线以来，“e互助”在短短的一年内，已经为5个不幸家庭成功募集了共200万元的互助金。

目前已拥有逾35万名注册会员的“e互助”，已然成为国内最大的网络互助组织。“e互助”由美国纳斯达克上市公司CNinsure Inc.（泛华企业集团）下属企业——深圳点烧信息科技有限公司发起。

成为全国规模最大、最专业、最公开透明的网络互助平台，作为社会保障体系的有益补充，提供针对癌症救助最有效的解决方案，解决最多数中国家庭因病返贫的社会问题，是“e互助”成立的初衷及目标。

如今，癌症及意外是家庭的两大杀手，为此，“e互助”针对不同人群对癌症和意外的风险防控需求，分别推出两款保障计划——抗癌无忧计划和死神无惧计划，并通过互助的形式，为每名加入的会员创造了极高的保障：不幸患癌的会员和意外身故的会员家庭，分别可获得最高60万元（最高保障金额随年龄段变更有所调整）和20万元的互助保障金。

当然，会员要想在不幸时得到保障，必须承诺每次事件均参与均摊互助的义务，但其实每人每次均摊最多也仅仅3元，计划成员越多，每次助捐金额越少。

截至目前，参与抗癌无忧计划的会员人数将近30万人，而死神无惧计划会员数亦超过23万人。

而在过去发生的5宗互助事件当中，3例为癌症事件，2例为意外身故事件，总募集互助金200万元，每名会员个人均摊总费用也仅仅为7.92元。

黄志强在2014年8月加入了抗癌无忧计划。在本次事件发生之前，他同样也担任着互助者的角色，为前四宗事件总均摊6.5元，帮助了四个不幸家庭，也确保了自己互助保障的资格。

## 共享与“互联网 +”的成功结合

凭借着五宗互助事件的成功完成，“e 互助”也成为目前国内唯一有成功案例的互助平台。

就在这一年里，与“e 互助”相类似的网络互助组织如雨后春笋般相继成立。这倒也不难理解，当移动互联网把交易成本问题逐渐解决，共享经济的浪潮就开始到来并渗透到各行各业，众所周知的 Uber、Airbnb 等，正是通过极大地发挥“互助性”，将闲置资源“活”起来，达到物尽其用的目的。当人们的衣食住行都可以通过这种方式解决的时候，自然向更高层次的个人保障需求层面进行探索。

“e 互助”相关负责人介绍，互助在过去几千年一直伴随着人类社会的发展，以多种形式为所需要的人们提供庇护。即使在商业保险高度发达的今天，互助也一直保持着旺盛的生命力，并占据了保险市场的很大份额。因为互助不需要营利，不需要高昂的管理费用和销售费用，所以针对普罗大众，是更经济、更有效的保障方式。

而在“互联网 +”概念迅速发展的背景下，保障性行业也在寻求传统意义上的突破。一夜之间，当很多人都还弄不清何为“相互保险”时，它已经成为一个炙手可热的香饽饽，各大大小小企业已相继宣称成立相互保险公司。

相互保险组织是指投保人以互相帮助、共摊风险为目的，为自己办理保险而合作成立的法人组织，是一种低成本、不以营利为目的的保险组织形式。

相互保险的本质是为广大人民提供低廉的大病重灾保障，目前国内的相互保险组织都刚刚起步，在没有任何标杆引路的情况下，运用相互保险理念的“e 互助”，在经历了一年的摸索运营，不仅实现了传统互助模式的颠覆创新，如今更已建立一套成形的运作机制，其运营经验或许能给目前的探路者一些借鉴。

## 抱团取暖　透明运作

“e 互助”与传统保险保障最大的创新在于：唯有出现会员不幸罹患癌症事件，大家才需要为其均摊募齐互助金；若无任一事件发生，大家不需要支出任何费用。

“e 互助”相关负责人介绍，会员均摊付出的每一笔金额，都是针对每个事件而产生，每笔资金的去向都有据可循。当平台人数越多，每名参与互助计划的会员，均摊金额则会越少。同时，“e 互助”旗下保障计划砍掉全部中间环节，直接让互助会员抱团取暖、相互帮助，没有各种成本，会员也无须承担任何运营费用，每名互助会员的年度互助金额也不过几百块钱，却能获得较高的癌症保障，因此，相较于目前市面上价格在数千上万元的商业保险，“e 互助”便宜数十倍。

但基于目前国内互联网互助领域尚处于发展初期，“e 互助”要想取得更大的发展，有赖于更多会员的支持和信任，这还取决于平台的透明、公开程度。

为此，“e 互助”特地聘请泛华保险公估有限公司作为独立调查机构对互助事件的真实性进行调查，同时外聘专家组成审核委员会对互助事件是否满足互助条件进行审定，以保障平台的公平公正。

此外，“e 互助”平台更积极筹备成立“e 互助”会员监督委员会，代表会员监督“e 互助”平台对《会员公约》《计划规则》等制度的制定和修改进行审议，对平台的运营事项进行监督。

“e 互助”更严格按照监管协议监督资金的使用情况，平台资金委托招商银行大连支行全程托管，互助资金直达申请人账户，确保资金信息有据可查，透明可监督。

（来源：《公益时报》）

# 中国内地首家获认证 B 型企业：第一反应

郑 悦

引言

“呼救呼救，急救兔 12 号，18.5 公里处，有选手倒地，经检查无呼吸无反应，需要援助，立刻进行 CPR（心肺复苏术）。”“出动出动，0704 号，携带 AED（自动体外除颤器）前往支援。”

## 参与赛道紧急救援工作

三四个身着鲜亮橙色第一反应急救标志马甲的急救志愿者，奔跑着前往倒地选手所在地，到达后合力将倒地选手仰面翻过来进行医疗救助，他们在施救的同时，还不忘向其他赛事工作人员及志愿者求助，拉起急救毯当屏风，保护选手的个人隐私。

7 分钟后，急救车赶到，这名选手被送往医院，在经过几天的 ICU（重症监护室）治疗之后，把这位 28 岁的跑者终于从死亡的边缘拉了回来。

这样的一幕发生在 2016 年 4 月的北京长跑节上。近年来，在马拉松赛事中，心脏骤停成为选手们挑战自我的杀手。尽管赛事组织者配备了救护车和急救医疗人员，但心脏骤停后的“黄金四分钟”施救，却常常在漫长的 21 公里或近 42 公里的马拉松赛道上力有不逮。

还好有一群以急救志愿者的身份参与赛事的人员，可以对人员进行有效的施救。这些志愿者来自各行各业，有政府职员、有行业精英，他们的共同特点是除了热爱运动之外，还有一个标配：持有美国心脏协会（AHA）的“CPR+AED”证书或红十字急救证书。

这些志愿者在赛前经过赛道培训后，在第一反应服务的赛事保障现场担任机动岗（指持急救证且可以与参赛者一起跑并保留有马拉松成绩的急救兔）、固定岗

（背着 AED 在指定公里处守护的闪电侠以及指挥车）等职位，共同编织了一张守护之网。

这家以志愿者为基础的机构，是以项目的方式从赛事组织方承接赛道救援工作的。这样的一类以商业方式运作，却不以营利最大化为目的的机构，是近年来兴起的社会企业。

## 不仅仅是社会企业

起源于英国的社会企业，被视作蕴含着宗教伦理的资本主义的一种自我救赎。

当以营利最大化为目的的企业越来越成为社会问题的帮凶之时，一些有想法的企业家开始反省，试图用商业力量向善而行，社会企业便是这样一种尝试。

这类企业不以营利最大化为目的，尽管从事公益事业，但不依靠捐赠而以商业模式的运作实现自给自足。盈余部分除满足日常运作开支之外，需将部分收入再度投入公益事业当中。

成立于 2010 年的第一反应，便是这样一家社会企业。这家社会企业的初创团队是中欧国际工商学院的 EMBA 及 MBA 同学，因为他们共同的一位同学在跑步时心脏骤停，而救护车因为交通问题姗姗来迟导致回天乏术，促使他们对急救技能的学习与关注，进而成立第一反应。

创始人、CEO 陆乐，人称“光头陆乐”，志愿者们更喜欢叫他“陆队”。因为喜欢户外运动的他，总是一身户外装备的形象和志愿者们一起出现在城市马拉松和越野跑的赛场。陆乐说从一开始，创始团队便达成了一致：要以国际标准创立这家公司。

在广泛考察之时，另一种向善企业的高标准引发了他们的关注：B 型企业。B 型企业认证体系（B Corp Certification）由非营利机构 B Lab 推出，旨在重新定义商业领域的成功——让所有企业“运用商业之效力，打造世界之美好”，不仅要让企业成为“世界上最好的企业”，更要成为“为了更好的世界而存在的企业”。

简单地说，B 型企业必须考虑他们对所有利益相关方产生的影响——包括员工、供应商、社区、消费者和环境等，而不仅仅是股东。

从 2006 年开始，全球已有 50 个国家、130 种产业的 1800 多家企业通过 B 型企业认证。中国台湾和中国香港地区都有获得认证的企业。一个最基本的标准是，要想通过 B 型企业认证，申请的企业必须在社会与环境业绩、责任和透明度方面都满足一系列的要求。

2016 年 6 月，第一反应获得了 B 型企业认证，成为中国内地第一家通过认证的企业。在谈及认证过程，第一反应的国际事务总监 Min Ko 表示："一些评测标准和中国现实之间的差距，是我们所努力调整的。"

比如说，其中一项要求企业须在达到节能认证标准的建筑物里办公，可是，中国目前这种认证非常少。不过，对于第一反应的创业团队来说，B 型企业的标准可以引领自己前进。

实际上，申请 B 型企业，基本可以分成三步：

第一，登录影响力评测系统，在回答基本问题之后，系统会自动为这家公司制订一套影响力评估方案。根据公司的规模、行业，问题会有所不同。这一套评估体系从公司治理、员工、社区、环境、商业模式影响力五大类进行评估，其中每类又细化成 18 个小类，对企业作出全面、公正的评估。

第二，变更公司的法律文件，将员工、社区和更广泛层面的股东纳入决策层；同时签署正式声明，承诺不违反 B 型公司的社区原则。

第三，一旦机构签署了 B Lab 提供的认证意向书，并根据公司的年营业额缴纳会员费，被正式认证为 B 型企业之后，可以接触到全球 B 型企业的社群网络及系列资源。最重要的是 B 型企业每两年重检一次，根据不断更新的评估工具以及提升的全球标准，督促企业不断进步。如果未达标，认证会被取消。

但在全世界范围内，区域或国家的特定问题是不同的。B Lab 联合创始人之一 Jay Coen Gilbert 在接受媒体采访时也表示："需要有一定数量的中国公司来试用我们的标准体系，这样他们就能告诉我们哪些问题是有用的，哪些问题在中国情境下没有意义，哪些问题需要改变，以及我们还需要提出哪些适用于中国公司的问题。"

显然，还需要更多类似第一反应的中国企业申请该认证，这套认证体系才有可能针对中国情况进行智能化提升。

据悉，B Lab 正在积极寻找中国合作伙伴，有望在 2016 年内进入中国，让更多的人了解 B 型企业，并让更多企业有可能达标。在中国内地第一个拿到 B 型企业认证，对第一反应意味着一切的新开端。

据说，第一反应的 HR 团队正在草拟新的公司制度，希望提高员工在社区志愿服务中的参与度、节约能耗和资源循环利用。而获得认证之后，第一反应也能拿到获益的清单，可以吸引投资人、对标绩效、与其他 B 型企业合作、吸引人才等等。

目前第一反应正在尝试与美国同一领域的公司建立合作，并学习对方的商业模式和解决方案。而这一切对中国企业，也是新开端。

## 构筑生态环境

借助庞大志愿者体系的服务架构，到 2016 年 8 月中旬，第一反应已经在 23 个城市为 148 场马拉松提供赛事救援保障，有近 60 万名跑者在这张急救志愿者与专业医疗力量织成的保护网中完成了自己的比赛。在与 120 急救的无缝对接中，第一反应志愿者已经救回 10 例心脏骤停的跑者。

针对运动伤害问题，第一反应还和上海健康医学院成立了马拉松运动医学研究所，希望借助高科技的智能穿戴设备以及运动医学知识，让更多人可以在科学指导下参与马拉松运动。借助对身体数据的收集和复盘，在心率和踏频之间寻找到相关规律，有望在心脏骤停发生前 8 分钟发出预警，从而降低受伤的可能。让这类原本专业运动员才能享受到的指导与保护，可以让普通跑者以低廉的价格得到试用，这也是第一反应在承办赛事保障之后的商业模式嬗变。

除了自身商业模式的设计，陆乐表示："第一反应就是一个平台，要给更多的志愿者赋能，让他们在此之上发挥更多的作用。"第一反应现在已经有 5000 多位志愿者，面对日益壮大的急救志愿者队伍，更多商业模式的产生与发展都有可能。

实际上，不仅仅是商业模式需要设计，整个社会系统也需要被重新设计。对于志愿者来讲，施救如何得到保障，避免追责就是个社会问题。

在城市生存环境中，遇见倒地老人想扶不敢扶，已经是我们的尴尬。而第一反应通过为志愿者上"好人险"，能在遇到争议提供法律援助及保障等方式，尽量规避这一问题。

而更多的设计需要整个社会的共同努力。上海和北京相继通过《上海市急救医疗服务条例》《北京市院前医疗急救服务条例》，为急救志愿者提供了法律上的保障。法律制度的及时补位，有望纠正中国社会目前"救人反被讹"的畸形道德观。

日常急救需要更多人的参与。第一反应已经和腾讯公益、真爱梦想等机构达成合作，培训更多的人掌握急救技能。

美国、欧洲和日本的急救率很高，但这是一个长期达到过程。在精神层面上具有想要帮助别人的意愿、在身体和技能上达到要求，构筑一个互助互救的社会，这才是从第一反应开始的社会使命。

曾经在无锡马拉松的赛道上被AED救活的跑者，在身体恢复健康之后，在第一反应接受急救培训，正式成为急救志愿者，积极参与到帮助其他有需要的人的行动当中去。

没错，只有当这样的经过专业培训的爱心能够在更多的人手中传递之时，人们才更有理由相信整个社会环境能够实现进步。

（来源：《IT经理世界》）

# 社区慈善

交善人者道德成，存善心者家里宁，为善事者子孙兴。

——方孝孺

# 有一种善行，叫陪伴

阿毛狮子

## 引言

在美丽的杭州湾畔，活跃着一支公益慈善队伍——中国狮子联会浙江龙之队服务队。目前该队已有45名成员。这群热爱公益而走到一起的人，给自己取了很别致的名字，女的统称为“狮姐”，男的统称为“狮兄”。秉承“心在哪里，责任就在哪里，我付出，我快乐”的服务信念，他们一起走过了7年。

陪伴助学是他们创立之初成立的项目，目的是为家庭陷入困境的学生提供一定金额的助学金，陪伴他们走过一段成长历程，引领他们走出生活困境，走向阳光。

距离上次去新昌城南乡琅珂完小已经有两年的时间。这所能容纳200名学生的小学已经关闭，实际上2015年时，已经只有8名学生在读了。龙之队给孩子们送“唐诗中的故乡”公益课是在2014年，那时候学校还有31名学生。

那是2014年5月的一个普通清晨，毛狮兄按照设置好的闹钟准时醒来，他要在10:00之前赶到琅珂完小，他是“唐诗中的故乡”公益课的主讲老师。琅珂是距离杭州180多公里的浙南山区小村。第一次给孩子们上课，毛狮兄有些忐忑，心里默默祈祷今天顺利。

与此同时，在下沙经济开发区的胡子狮兄、李雅狮姐已经出发，在去新昌的路上。他们带领10名狮友和嘉宾负责布置教室和图书室。在活动之前的一个月，他们为学校图书馆募集了不少书籍和两台电脑。这会给孩子们带来一些惊喜。

毛狮兄、胡子狮兄、李雅狮姐，他们同属于中国狮子联会浙江龙之队服务队。这支公益队伍成立于2011年，主要从事社区关爱和助学服务，队伍发展稳健，这次“唐诗中的故乡”公益课是他们“我们陪伴”助学模式的新尝试。“我们陪伴”

是龙之队的助学模式，一方面是给孩子们一些资金支持，改善学习和营养条件；另一方面是通过多频次接触，引导家庭教育缺失的孩子们快乐正向成长。

毛狮兄从没给孩子们上过课，心里有些紧张，一边开车一边念叨备好的课件，结果错过了去新昌的高速入口。边上的黄狮姐忍住哈欠提醒他放轻松些。在狮子会（Lions Club）文化中，统一称男性成员为狮兄，女性成员为狮姐。这种文化很好地加速了因公益而凝聚的团队成员间的熟悉与信任。每一次公益服务都需要早起，孩子们都在近 200 公里外的山村，为节省费用，参与服务的狮友都必须当天返回。

下沙出发的队伍也不顺利，装满书籍和电脑的车队被阻在了嵊州，一辆载满钢筋的卡车横在高速路上。胡子狮兄看短时间里通过无望，快速拿出了“龙之队助学公约”给同车的狮友和嘉宾宣读起来。作为扎根杭州下沙经济开发区的公益队伍，龙之队 2011 年以来坚持了几项漂亮的服务项目，每次活动都有不少嘉宾（非正式狮友统一称为嘉宾）报名参加。这些嘉宾是很好的公益传播者，也可能是龙之队未来的成员。做服务的同时做队伍建设是龙之队的公益作风，因此服务嘉宾也是狮友们服务活动的内容之一。嘉宾公约的出台，是为了明确参与助学服务的人员不可以做什么助学服务。刚开始的前两年，部分参与服务的人士爱心爆棚，私下给被资助的学生财物或不当的承诺，给队伍、学生和家长带来误解和困惑。公约是为了不犯重复的错。胡子狮兄的助学公约得到了所有人的认可，实践总结出来的经验让嘉宾很有感触，释放善意也该讲究方法。如今，胡子狮兄是龙之队 2016~2017 年度队长。

在等待清障的同时，李雅狮姐给琅珂完小的潘校长打去电话，告知服务时间可能需要推迟。那时候潘校长已经和龙之队很熟悉了。在决定资助琅珂完小的几名学生之前，胡子狮兄找到潘校长，让他推荐可以被资助的学生名单，并陪同狮友考察了每名学生的家庭状况。潘校长很敬佩龙之队狮友们认真务实的公益作风，不止一次和狮友们讲：你们不是来作秀的。在龙之队之前，有几个公益组织也来到琅珂完小，他们找到几个孩子拍完照片后，就再没有下文了。而此次送课服务，已经是半年内龙之队第四次到新昌。李雅狮姐的沟通很顺利，她是龙之队的语言天才，和孩子们的父母沟通是她的特长，她能听懂浙南各色的地方普通话。作为女性特有的天赋，龙之队每次服务的物资（衣物、食物、文具）也是李雅狮姐准备的，她能够在狮友对资金严苛的控制和孩子们的喜爱之间游走自如。

潘校长调整了课程，所幸毛狮兄和下沙车队都在 10:30 赶到了琅珂完小。孩子们见到狮友们很开心，亲热地叫胡子狮兄、水果姐姐（他们给李雅狮姐取的名字）。毛狮兄趁大家布置图书馆的空当带领孩子们打起了篮球。“我们陪伴”建立的友谊和信任让孩子们丢掉了拘谨。琅珂完小，一年级至六年级配备完整的学校因为生源的原因，此时只剩下 31 名学生了。龙之队资助的秀秀、先朝、炉红、佳伟、紫燕和桂林就在这 31 名学生中。今天，毛狮兄就要是要给这 31 名学生的混合班讲述他们“唐诗中的故乡”。

选择这一课题时，狮友们都很纠结。有的建议请外教教英语，有的说请付费课程比较专业，有的建议带来绘画美术电脑老师……李雅狮姐觉得孩子们根基很浅，一堂课解决不了什么问题，关键是要陪伴他们。胡狮兄讲这次为学校建图书馆，是给孩子们做某种启蒙，而不是课外补习，能让孩子们了解课外读什么书比较好。最后毛狮兄毛遂自荐。新昌，古称剡县，剡溪是唐宋诗人多游历之地，从孩子们最熟悉的地方开始，拉近他们与诗歌诗人这些美好事物的距离，或是启蒙的最好方式。这堂课的形式就这样定了下来，大家都很兴奋，不少狮友觉得只要这堂课不失败，以后都可以贡献出自己的特长，和孩子们分享歌唱、美术和电脑知识……这样的授课既让人放心，摆脱商业和鸡汤的干扰，又可持续，更让狮友们第一时间捕捉孩子们的需求，非常符合龙之队遴选服务项目的标准——接近服务对象的感受。

课程进行得很顺利，毛狮兄第一次讲课的紧张和嗑巴在与孩子们的互动中渐渐消除。李白“轻舟已过万重山”后的沉重，诗仙和诗圣天雷地火般相逢……曾经来过剡溪的先贤们的故事深深地吸引着孩子们。佳伟同学说：不知道我每天路过的地方这么美，以后我要多注意看看，还要去图书馆多看看书。11 岁的秀秀说：第一次知道课本外还有这么多美好的诗句，我要学好语文。有领导天赋的先朝则是涨红了脸，憋了几秒钟说：毛老师下次还要来……

2014 年的这堂课在以后的夏令营和“我们陪伴”助学过程中得到各种形式的延续，但在琅珂完小却是第一次，也是最后一次。2014 年的秋季，琅珂完小只剩下 8 名学生了。到了 2015 年，琅珂完小撤并，潘校长也调到了城南乡中心小学担任教导主任。毛狮兄无法忘记这堂课带给他的进步，几年后，当他在几百人面前演讲时，他的紧张和颤抖只持续了几秒，脑子里浮现的琅珂 31 名学生的面庞让他很快地镇静下来。琅珂这堂课后，他刻意留意了自己的语调、语速和交流方式。服务孩子们的同时，他自身也获得了更多的成长。

2016年10月再见到秀秀他们时，已经在城南中学了。这一次是例行的“我们陪伴”助学开学后服务。孩子们成长得很快，秀秀长高了很多，以前羞涩的小女孩变得开朗了。佳伟则明显地长高了，一米七几的大高个，脑子依然单纯。毛狮兄问他成绩怎样，回答是很不错。胡子狮兄说具体成绩汇报一下。答案是语文数学刚及格，科学57，英语46。说分数时，佳伟笑得越无邪，毛狮兄心情越沉重。教育资源分配的倾斜随着城市化日益严重，加上家庭教育的缺失，佳伟他们已经彻底失去了与同龄城镇孩子们的竞争机会。这个判断随着助学次数的增加，越来越沉重地压在他的心头。稳住脸上可能显现出来的悲观，毛狮兄对佳伟说：不错不错，还要努力哈。回去我们给你寄几本辅导书，争取科学英语都能及格。他心里明白，或许义务教育的结束，就是佳伟第一阶段教育的结束。他会去打工，或许去职高。佳伟尚未开始发育的思想能独自面对这个复杂的世界吗？想到临安助学项目中两名上职高的学生弃学、逃学的经历，毛狮兄暗暗担心。还是多陪伴，多找机会和他们交流吧，起码能让他们接近好人。毛狮兄这样和胡子狮兄讲，也是在安慰自己。但是，随着孩子们的长大，未来“我们陪伴”助学该怎么走？这个问题越来越重地沉积在毛狮兄、胡子狮兄这些龙之队狮友的心头。佳伟只是一个代表，秀秀、桂林、紫燕都和佳伟类似。只有先朝和炉红好一些，成绩可以上普通高中。想到这些，毛狮兄把家里的录音机、英语磁带都打包进了给先朝的包裹中。这与自己7月份举办匠心启蒙夏令营时想法是多么大相径庭啊。毛狮兄边打包邮件，边苦笑摇头。

陪伴助学服务还在继续。2016年11月，在潘校长的帮助下，龙之队又资助了6名新昌学生，这些孩子都是来自单亲或父母患病的家庭，和秀秀、紫燕她们一样，他们同样瘦小腼腆。他们会长大的，胡子狮兄还是一如既往地自信。2017年的春节后，他率领队伍带给孩子们新的陪伴。或许，他在琅珂完小未讲的电脑课，这次可以如愿（以上狮友名字均为化名）。

（作者系中国狮子联合会浙江龙之队理事）

# 把公益人的正能量
# 引入社区治理

唐玮婕

## 引言

女儿患重病，绝望中对着父母大发脾气，如果你是探视者，会怎么做？在上海市浦东新区陆家嘴街道，最近上演的一场“互动心理剧”吸引了百余名社区居民到现场体验。这是社会组织惠迪吉公益人心理关爱中心举办的“公益‘心’智慧论坛暨互动心理剧进社区”活动，用真实的剧情带领大家感受“爱的味道”。

上海惠迪吉公益人心理关爱中心成立于2011年9月，5年多来从儿童关爱、家庭幸福建构等多个层面的公益事业入手，通过“关爱困境青少年家庭”“互动体验心理剧”等多个具有独创性的项目，把来自公益人的正能量引入社区的社会治理之中。

## 互动心理剧感动社区居民

心理剧《病房的故事》取材于惠迪吉“爱行天使”志愿者的真实经历。剧情描述了22岁的女大学生莹莹脑积水复发，两年前脑部埋下的引流管不管用了，再埋管也不知道是否能解决问题。陷入绝望的她，冲着从河南来陪护的父母大发脾气。

现场有3位观众作为“探视者”上台体验，在与演员的互动中释放自己的情感。最后，惠迪吉“爱行天使”志愿者上台，用一首小诗《本愿》敲开莹莹和她父母的心扉，一家三口拥抱在一起，爱的流动与滋养让莹莹的生命重新绽放。

互动心理剧是惠迪吉在国内首创公益题材的互动体验真人秀，现已累计演出剧目10多台。2015年底，惠迪吉和上海浦东文化传媒有限公司合作，将志愿者关爱留守儿童的互动体验心理剧《小艺的故事》搬上兰馨剧院，至今已经上演了 13 场，场场爆满。

惠迪吉公益人心理关爱中心负责人表示："互动心理剧进社区的首期项目将立足浦东，并走入更多的社区之中，通过这一公益与艺术相结合的互动心理剧，使更多的生命真实体验成为让爱流动起来的幸福之道。"

## 让孩子成为爱的绽放点

"我希望妈妈能更多陪伴我。""我工作太忙了，每天忙到很晚，回到家还要忙着做饭，洗洗弄弄，停下来的时候已经没有力气陪孩子了，我的确没有好好陪伴……"妈妈一边说，一边止不住委屈地哭了，孩子见母亲哭了也跟着哭了。

在惠迪吉的关爱困难青少年家庭项目的现场，经常会上演这样的场景：日常生活里缺乏语言沟通的父母和孩子，很难向对方表达出自己的爱。接受心理咨询师的引导后，他们学着倾听彼此言语表达内心的渴望，贴近彼此的节奏。

"我们会让孩子画寓意着生命的树，一边画画，一边描绘出对生命的渴望，感受自我的力量和价值；也会让父母和孩子一起做游戏，双方会看到可以更加贴心的空间和彼此相爱的渴望。"志愿者史海莉告诉记者，"最让我印象深刻的就是今年上半年一场活动，一对时常以争吵进行沟通的父子，最后不自觉地牵住了手，一切尽在不言中。"

除了现场辅导，惠迪吉心理专家和志愿者还会走进家庭，一户一户完成关爱式回访。"孩子会愿意分享自己的梦想，越来越清楚自己真实的想法。"史海莉说。他们的目标就是让每个孩子成为爱的绽放点，引动家庭爱相互流动、相互滋养。

通过"一对一""一对多"辅导方式，以及持续一年的关爱式回访，惠迪吉的志愿者们辅导社区困难青少年家庭爱相互流动，为困难青少年人格成长创造有爱的家庭土壤。同时鼓励困难青少年成为爱的自我责任者，成为志愿者，在家庭、学校、社会中主动流动爱，成为城市的建设者、融入者。

（来源：《文汇报》）

# 一份特殊的传家宝

李鹏翔　朱华颖　李劲峰

## 引言

家庭是社会的细胞，自力更生，互帮互助，家庭才幸福，国家才有希望。

武汉市百步亭社区71岁婆婆余洪芝，在社区支持下，15年热心于公益服务，写满的10本日记，成为社区志愿服务的“资料库”。

余洪芝说，做好事、写日记的习惯都是父亲教自己的。她也将把日记本传给儿子、孙子，“一个人做好事、善事会一辈子幸福快乐，这是我一生都不后悔的‘事业’”。

## 10本志愿服务日记

“2012年1月13日，徐德云家老伴病了，想去医院叫不到出租车，我喊儿子开车把他们送到医院。”

“2013年8月6日，严琳老人手受伤了，我们到老人家帮她做卫生，抹柜子、拖地、擦窗户。”

“2016年12月20日，我们在冬至前为小区空巢老人举办饺子宴，和志愿者一起包了3000多个饺子，和老人们一起吃饺子或把饺子送上门。”

这一段段充满爱心的志愿服务故事，是从武汉市江岸区百步亭社区居民余洪芝的日记本上摘抄下的。

翻开一摞摞泛黄的日记本，简朴无华的语言，长短不一的文字，记录下这位年过七旬花甲老人服务社区居民的日常点滴。

2002年3月，余洪芝从一家医药加工厂退休后，搬到百步亭社区安居苑居住。遇到社区干部上门，询问是否愿意当楼栋长时，余洪芝一口应承下来。

“父亲常说，不因善小而不为；好记性不如烂笔头。”余洪芝回忆说，从当楼栋长开始，她就形成做好事、写日记的习惯。

余洪芝所在的安居苑A区，共有18栋居民楼49个单元、住着746户2980人，其中有13户空巢老人、4户残疾人家庭和7个重症病人。她说，社区情况比较杂乱，需要帮助的群众很多，光靠脑子记不住、记不全，“就买来笔记本把每次做的都记下，不至于听过就丢了忘了”。

15年来的日复一日，余洪芝总共写完10万多字10本志愿服务日记，背后是累计上万小时的志愿服务付出。

这些日记本，也成为余洪芝的志愿服务“资料库”。社区哪些家庭老人有什么疾病，年轻人有什么困难，孩子有什么需求，她都写在本上，装在心里。

由此，余洪芝也被社区居民亲切地称为“日记婆婆”。

“日记婆婆”的事迹在网上走红后，引发众多网友点赞。网友“德德”评论说，家庭是社会的细胞，自力更生，互帮互助，家庭才幸福，国家才有希望。

网友“明天的阳光”说，余婆婆为空巢老人提供志愿服务，实属不易，她的正能量能让社区形成助人之乐之风，让关爱老人、帮助老人成为日常行为。

网友“回首来时路的每一步”在微博上发帖说，爱改变生活，心温暖世界。余洪芝全家争做志愿者，就是将奉献的力量不断扩大，将温暖传递更远，将志愿服务精神不断地传承下去。

## 帮助他人是我最好的“降压药”

一次社区走访中，罗汉清老人的女儿向余洪芝吐露心声。她父亲中风后，左边手脚无力。每次进出楼栋门口，下台阶时可以慢慢挪，但上台阶时没扶手，只能用肩膀靠着墙上借力。

“他们做子女的，由于要工作不能天天陪着，心里头挂念着父亲，让人心酸。”余洪芝说，她将这件事写进日记本后，就开始琢磨。

余洪芝的老伴黄道银是钳工退休。两人商议着，自己动手买来材料，在台阶上装上不锈钢扶手。“没花多少钱，但能让罗汉清轻松上下楼，子女放下忧心，这比什么都值。”

由于体重与血压偏高，刚开始时，家人担心她走家串户、楼上楼下，身体受不了，总劝她少做事，多休息。余洪芝答复说，在社区做志愿服务，是她退休后的生活习惯，“帮助他人带来的开心，就是我最好的‘降压药’”。

从刚开始的心疼，陪伴她一起做；到后来的理解与支持，同样热心参与其中，余洪芝一家人都逐渐被她所感染，成为社区的铁杆志愿服务者。

老伴黄道银，每天参与社区组织的治安巡逻，遇上结对家庭成员过生日，黄道银都会送去亲手下的长寿面。每年除夕夜，儿子黄建华都和母亲在小区值班巡逻，防止燃放烟花起火。年幼的孙子也成为一名“小小楼栋长”，经常跟着奶奶四处走访。

“妈妈常说，一个人做好事，会一辈子幸福快乐。”黄建华说，母亲的行为给子女们树立了榜样。

## 日记本是传家宝

在全家人的参与中，余洪芝家的电话渐渐成为社区闻名的“守护热线”。余洪芝的日记本中记录着，某日凌晨 1 点多，她家电话突然响起，社区 80 多岁空巢老人严琳的老伴发病昏迷不醒。

余洪芝马上调动全家人起床，她和老伴第一时间赶过去，儿媳妇打电话叫救护车，儿子到小区门口等候引路。在一家人与社区的配合下，老人很快被送到医院抢救过来。严婆婆感激地说：“如果不是你们一家人的帮助，我老伴可能就会没命了。”

无论是生病需要送医院，或雨雪天气帮忙买菜，结对的空巢老人只要一个电话打到余洪芝家，余洪芝很快就会上门。“现在空巢老人多，他们不缺钱，但多数很孤独，我们帮忙买点东西，上门聊个天，就能排解他们的孤独。”

“日记婆婆”余洪芝的善举，不仅感染了家人，也带动社区居民参与到公益活动中来。由余洪芝牵头，社区组织、小区居民成立了“贴心关爱服务队”，与 20 多户空巢老人、残疾人结成关爱对子。

目前，已有 40 多个社区家庭参与“贴心关爱服务队”。生日送长寿面、重阳节送饺子、冬天送鸡蛋、夏天送绿豆、平常送问候、生病送慰问，这“六送”志愿服务，已成为社区传递温情的纽带。

“作为一个家庭，我们所做的点滴，社区居民都看得到，他们也会跟着一起参与进来。”余洪芝说。千万个小家庭都和睦了，整个国家也就和谐了。

2016年12月12日，余洪芝老人作为全国文明家庭代表，在北京人民大会堂上台领奖，接受表彰。“这天刚好是我的生日，这份荣誉是我最好的生日礼物。”

领奖后，余洪芝回到社区继续参与志愿服务，并将其记在日记本上。“我家无以为宝，志愿服务日记本就是我的传家宝。”

“平民之家，很难传下祖产，却能传下以家风为载体的精神财富。”百步亭社区管委会主任王波说。“日记婆婆”一家乐于助人、热心公益，不仅是社区治理的热心肠，也是社会主义核心价值观的传播者。

余洪芝说，做好事、写日记的习惯都是父亲教自己的。她也将把日记本传给儿子、孙子，“让下一代人体会到我们这代人的追求，让志愿精神成为家风，代代相传”。

（来源：新华社）

# “一个鸡蛋的暴走”的成功之路

左敏敏

## 引言

提起运动式筹款，很少有人不知道“一个鸡蛋的暴走”，作为一项民间发起的公益活动，一直以筹款能力强著称。自2011年开展以来，已累计筹资超过3300万元人民币，支持全国20多个省份的百家公益机构，涉及191个儿童领域的公益项目，直接参与者和捐款人数超过10万人次。

“一个鸡蛋的暴走”：参与者需要在12小时内走完50公里，并通过创意的方式向熟人网络募集善款，完成甚至突破既定筹款目标，实现个人挑战。

在2016公益人筹款大会上，“一个鸡蛋的暴走”背后的团队——上海联劝公益基金会，带来了一场关于“点对点”筹款的主题分论坛。据介绍，传统筹款模式下，公益组织接触潜在捐款人并完成捐款。而今，越来越多的公益组织不直接参与筹款，而是向机构的支持者赋权，使支持者享有向外筹款的权限，并通过他们强大的社会网络扩大权限，实现宣传和筹资。因此，点对点筹款，是公益机构鼓励支持者基于对其机构使命认同来参与筹款活动，并动员他们利用自己的社会关系筹款。运动筹款、一起捐、体验式筹款是目前点对点筹款的三种主流方式。

上海联劝公益基金会资源拓展总监肖洁，连续4年策划组织包括“一个鸡蛋的暴走”“小小暴走”等大型公益筹款活动。肖洁说，每一个公益筹款活动都有自己的特点，存在即价值。希望在这个领域能有多元化的发展，但一切要以公益为出发点，不要只关注活动表面的知名度或炫酷好玩的形式，而削弱了公益理念，团队成员要保持冷静，不忘初衷。

**问：**“一个鸡蛋的暴走”成功的因素有哪些？

**肖洁：**首先，开始的时间比较早，2011年时运动筹款活动还不多，还比较新鲜。其次，注重活动的理念传承，保持做筹款的初心。虽然每年的团队成员有变动，但我们坚持以学徒制带人，让他们用亲身感受去理解活动的意义，也包括对核心志愿者的理念传递。最后，我们一直扎根在一个地方，上海市民对运动筹款的模式认可度比较高，有利于活动的开展。我们也避免因为过多的活动形式而削弱了公益理念，不追求炫酷的活动现场，反而条件会相对差一点，让参与者体验到这个过程并不容易。目前从理念、形式、地域都得到了认可。

**问：**连续开展的这6年，除了知名度更高，参与人数更多，最大的发展和变化是什么？

**肖洁：**在规模上的变化是最显著的，而关注度的提升跟每个参与者都相关，他们都是我们的筹款大使，并且在活动中把联劝的理念也传播出去了，公众的接受度和支持度也就越来越高，现在每年参与的人数有30%都是老队员。

这几年的资助方向也一直在深化。从2011年的1000多人参加，筹款67万元，全部用于“一个鸡蛋项目”，到2012年筹款237万元，开始考虑支持儿童领域的更多有好项目但缺少资金的小型公益机构。通过建立一套审核机制，邀请活动参与者、捐赠人、专家一起来选评项目，然后进行支持。2014年，联劝聚焦于儿童领域的四个方向：营养健康、教育发展、安全保护、社会融合。只要是在这个范畴内的优秀项目，都可以申请支持。

通过这样逐步的扩展，活动的使命和意义越来越靠近联合劝募的目标，就是联合社会中不同的人用不同的方式，传播、捐款、现场服务、对项目地探访，了解需求，参加评审会。最后通过暴走活动这个体系将筹款用到项目上，与执行机构反复沟通和探讨，对他们本身也有成长，可以更好地解决问题，服务体系和项目本身也趋于成熟了。

**问：**在运作的过程中，遇到过什么困难？

**肖洁：**此类活动的普遍困难是要应对一个庞大的项目管理体系，从活动报备、人员参与、传播等，因为存在很多的可变因素，对项目本身把控的能力要求很高，所以可复制性并不不强。

即便是我们自己做的另一个筹款活动，“小小暴走”也很不一样，不仅是对内部人员的要求，核心志愿者对现场的把控也非常重要。很多想学做运动筹款活动的小伙伴，可以在了解整个活动体系后，结合当地的自身情况来进行设计。

对城市徒步活动的另一个考验是，每年的线路变化，50公里的路线选择是个很难的技术活，涉及大量的报批单位，交通隐患的解决，现场搭建，终点设置，成本考虑等一系列问题。再者，为了保证这项公益活动的原汁原味，要不断平衡资金赞助及媒体传播等方面的关系。公益机构要保持自己不被资方带偏，需要做好日常的沟通工作。联劝的活动模式是两条线，筹来的款项全部用于执行所支持的公益项目，而活动本身的成本需要自己另筹资金，但联劝做“一个鸡蛋的暴走”6年来一直坚持不用商业冠名，来保持这一公益品牌的纯正性，我们将活动定位为低门槛的，公众都可参与的徒步活动，虽然资金问题也是我们的一大困难，但仍要坚持独立自主。

**问：**你认为运动筹款类项目如何保持活力和持续性?

**肖洁：**保持活力，适当地给自己打鸡血是不可少的，但更多的还是在日常点滴的工作中，能够真的为需要帮助的人提供帮助，以及项目执行机构的发展进步和项目规模的扩大，这些都是做事情的动力。

同时，外部的支持也是很大的能量来源，当你偶有懈怠的时候会发现，有很多支持者在通过不同的渠道关注着活动，来自参与者和社会的反馈，是活动持续性的重要来源，这也是民间活动的魅力。

**问：**2016年的筹资量是否达到预期，近期和远期的目标是什么?

**肖洁：**2016年的活动筹款额是1037万元，达到了预设目标。近期来讲希望“一个鸡蛋的暴走”成为上海市的品牌性公益筹款活动，如果有机会，也会扩展到另外一两个城市，但并不强求向外推的速度，我们还是坚持做好深度工作。

远期来看，希望暴走活动并不是团队的终点，做活动不只是为了做活动，目的还是为了支持中国民间公益发展，这也是我们的使命，也希望联合劝募有更多可创新的方式。

（来源：善达网）

# 用可爱又可怜的孩子照片募款，真的比较有用吗

褚士莹（阿北）

## 引言

我们组织经常喜欢用小孩子可爱或可怜的照片来吸引捐款，这让我觉得很反感。除了肖像权的问题，我觉得这样并不会让捐款人对我们有更深的认识，也没办法凸显我们跟别家同类 NPO 有什么不同。好的组织营销应该怎么做？

## 别把人当工具

我曾经经手一个海外孤儿贫童的赞助计划，我就发现，在配对赞助人与被赞助人时，那些笑容特别可爱的小朋友，首先会被赞助者挑选。

其次，是照片中看起来特别瘦弱可怜或衣衫褴褛的。

最后，会“剩下”一些不讨喜的，多半是看起来愁眉苦脸的、凶巴巴的、胖的或是皮肤特别黑的。

当时一批小学一年级学生中，有个 18 岁的青年，一看就是个早熟大人的样子，喉结很突出，也长了胡子，我知道比起其他 6~7 岁、未来还有很多机会的孩子来说，这可能是他这辈子最后一次能够上学认字的机会，但是他一直没有被任何赞助人在“芳名册”里钦点，于是我拿着他的个人资料去游说，没想到那些平时慈眉善目的爱心妈妈，此时眉头一皱，嫌弃地说：“这个一点儿都不可爱，我才不要！”

“你再帮我找一个年纪小小、可爱一点的，最好是女生，这样我一定赞助。”

此时我就算费尽唇舌，强调 18 岁比 6 岁更需要上学机会，也不会改变赞助人的成见。

经过这次的经验，我再看到那些用“可爱”或“可怜”作为诉求的募款营销

广告，就再也不说什么了，毕竟这反映的不完全是组织的价值观，而是一般民众的价值观、你我的价值观。

其实不只是人，同样的“成见”也发生在我们看待动物的歧见。动保团体在弃养动物的特性中归纳发现，黑色的猫狗特别容易被弃养，英国《每日邮报》在2014年秋天甚至引述英国RSPCA流浪动物保护机构的统计，发现在他们的中心1000只被弃养的猫中，有70%是黑色的。原因很简单，在社群媒体跟自拍成为主流以后，宠物主人发现黑色的猫狗在照片上“黑黑的一团、不讨喜”，没什么人会点赞，所以就迁怒在黑色的宠物身上。

所以“斗穷”“斗惨”“斗可怜”，就变成了募款营销策略当中，为了博取捐款者的同情，不得不洒的狗血。

在《贫民百万富翁》(*Slumdog Millionaire*)这部以印度贫民窟为背景的电影中，乞丐头目用烧红的汤匙将乞儿的眼睛挖出来，以博取路人的同情，看到这里我的心都揪起来了。

从慈善机构募款的观点，总是需要画面“看起来很可怜”，否则不会让人想要捐款，但这究竟是谁的错?

当我们理直气壮地说：“好手好脚干吗在街上乞讨?”其实，上街头乞讨的原因很多，就像谁有资格坐博爱座一样，许多影响工作能力及社会接受的残障级别以及疾病，不是一眼可以看出来的。可是，如果我们产生同情的必要条件是肤浅的直观“断手断脚，最好还要瞎眼”“断得越多、给得越多”时，或许我们才是让一些乞儿失明、让他们的眼珠被火热的汤匙挖出来的间接凶手。

我也知道有NGO工作者，为了募款，特别要求村落的孩子穿得很破烂来拍照的。这已经不是“手段”，而是“霸凌”。

在我心目中，一个好的募款营销，不能一直往人性的阴暗处深掘，换取廉价的同情，在购买“可爱”跟消费“可怜”之余，可以的话，请NGO多费一点唇舌，想想如何帮助捐款人看见正面的价值。

如果你跟我们一样，相信教育是人权，知识是力量，学习不分年龄，请把握机会，让那个超想上学的18岁青年可以读书，让自己成为一个Enabler(使能者)吧!

## 把自己当“工具人”又何妨

可怜的确是一种有力的工具，就像石棉也曾经是一种有力的工具，借酒浇愁也是，但并不代表就是最好用的工具。

最近一个周末我在曼谷，一个不会说泰语的菲律宾同事请我陪她去假日市集找专门挂手工编织品的传统木架子，因为她要找的东西实在太独特了，需要会说泰语的我帮她忙。

费尽许多唇舌，就在快要放弃的时候，我们终于在一家专门卖木工艺品的小店，找到她想要的东西。这时，个子矮小的店员很快凑过来，不发一语地比手画脚拿着计算器，把价格打给我看。

“为什么不用讲的呢？”我心里有些厌烦，他不试试看，怎么知道我会不会讲泰语？虽然在曼谷住了十几年，总是被当外人看待，实在是受够了。

于是我冷淡地说：“你可以跟我说泰语。”只见他眼神茫然地看看我，还是没说话，默默退到旁边去。

刹那间，我突然发现一件残酷的事实：真正轻易看外表就歧视别人的，并不是那个店员，而是我。他之所以没跟我讲话，不是因为歧视我是外国人，而是因为他是哑巴。

我真可恶。因为一直想着自己的感受，却没有顾虑到别人的现实。

这一天，我的心里充满了懊悔。

我想起一年前有个高中生读者，曾经与我分享他的故事，他说自己本身是新移民二代，母亲是来自柬埔寨的外籍配偶，他从小就知道妈妈不是台湾人。懂事以后，阅读美国族群史相关的书，发现自己原来就是书中所谓的“second generation”（移民第二代），就开始特地陪妈妈去吃越南餐、特意去越南阿姨开的理发店剪头发，还有事没事坐在火车站附近有移工聚集的区域，想着自己的身份，还有人们究竟如何界定别人的身份这些复杂的问题。

“无论我怎么做，做多少，却总有种想了解更多，但没办法进入的感觉。”他有些无奈地说。

原本就已经很复杂的认同问题，有次跟家人一起看粤语发音的港片后，出现了另一个逆转。

高中生发现，原来母亲竟然是来自柬埔寨的广东人，原生家庭在柬埔寨原来是说广东话，而不是柬语，所以自己不是“移民第二代”，而是“柬埔寨华侨移民的后裔”。

两年前，他“回”柬埔寨探望亲戚，结果发生了另一个冲击。因为不会说广东话，所以只好从头到尾坐在一旁微笑，结果被亲戚问说是不是哑巴，不会讲话。

那次以后，他发现把自己勉强归类到新移民二代实在太牵强，情感上自己终究是不折不扣的台湾人。但如果以台湾人的角色要为新移民议题发声的时候，又嫌没力道，所以这时候，又要站在“新移民二代”的角色，声音才会被听到。

但是，这真的能解决问题吗？万一高中生真的是哑巴呢？

从“身份”的角度来看，这两个故事到此为止出现的四个主角，可以说没有任何共同点。

一个不会讲广东话也不会讲柬埔寨语的柬埔寨华裔外配子女。

一个不会讲泰语的泰国聋哑人士。

一个无论在泰国住多久也学不会泰语的菲律宾人。

一个就算会讲泰语也不被泰国接受的中国台湾人。

身份完全没有交集的四个人，站在熙来攘往的世界上，都是寂寞的、无解的。除非，我们可以脱掉“身份”的束缚，努力去找到我们四个人之间的公约数，重新去想我们的共同点。

我们的共同点是，我们都失去了声音。

我想起自己之所以加入美国华盛顿工作的NGO，其中一个最重要的原因是，这个组织的主要使命之一就是通过培训扶持公民团体发声，“使每个弱势者都能让自己的声音被听到”。

身为一个NGO工作者，我不喜欢很多非营利组织自诩“帮”弱势者发声的概念，因为实际上没有人真的能为别人说话。就像我不能只因为哑巴不会说话，就帮他说，因为我说的并不是他自己的话语，空有善意，是没有用的。

我认同的是，创造出一个友善的环境，像是一台扩音器，“确保”弱势者的声音有被公平听到的机会。就算别人能够帮我们说话，不是出于自己的口中，无论多大声仍旧是哑巴。而我们自己的声音，无论多么微弱，只有自己站起来、说出来，才有意义。

## 只有失去过自己声音的人，才知道发声本身有多么可贵

如果你自己就是弱势者，请你要随时准备好你要说的话，因为世界上没有人能够，也没有人应该为你代言。

如果有一天，我们有一点儿能力、影响力的话，一定要记得，千万不要“帮”弱势者发声，因为那是一种极大的傲慢，但我们可以当讲台，让弱势者有踩脚的地方，站在足够的高度被看到。我们可以当翻译，让弱势者的声音被听懂。我们可以当扩音器，让微弱的声音被听到。

每个人在某个层面都是弱势。去讨论谁比较弱势，是没有意义的，只会陷入为争夺资源而“斗穷、斗惨、斗可怜”的传统援助救济窠臼。学习从自艾自怜的情绪中抽离，从竞争式的思考中跳脱出来，才能开始让自己变成一个更好的人。

如果说，这因此让我成为所谓“工具人”，那也无妨，这样的“工具人”在我眼中，才是世界上最棒的全职工作。

（来源：公益交流站）

# “温暖小脚丫”让爱心更暖心

程 勇

引言

“温暖小脚丫”不仅是一次主题爱心活动，更是孩子们回馈给我们的一次精神洗礼，少年强则国强，对少年儿童的精神关爱，是两代人心灵通达的力量传递。

2016年12月27日，陕西南郑县喜神坝九年制学校迎来了一群微信群友——麦田社群汉中群的十几位麦友代表。

这天，由麦友发起的“温暖小脚丫”公益活动在该校举办，全校320位同学，麦友们送来了320双保暖鞋、袜、新年小礼物，一个同学都不少，一个同学都不落下。

当天，同学们高兴地领取了鞋袜，即兴表演了节目，还为送爱心的叔叔阿姨戴上了红领巾。

表面看，这仅仅是一场普通的送爱心活动，但在深层次上，这次活动非常具体标杆研究价值。

## 社群发起微公益，高效快捷

据活动发起方麦田社群汉中群执行群主郑佳付介绍，从提出关爱留守儿童这个“温暖小脚丫”的议题，到发起社群募捐，仅用了不到10天，160多位麦友就募集了爱心款26796元。

郑佳付说，当时摸底到喜神坝学校主要是以留守儿童为主，全校共320位同学，按每位同学一双鞋60元计，需19200元。为体现参与性，规定了每位麦友限捐180元，即3双鞋。没想到很快就超额了。

为什么要限捐额度呢？郑佳付说：“小额，人人参与，让爱心更广普、更高效。”据悉，参与“温暖小脚丫”活动的麦友已超出了汉中群的麦友，有汉中市委市政府的领导，有当地的汉服群、健身群群友，还有麦田社群总群主“抱剑先生”和部分西安麦友。

## “让爱心，更暖心”的原则

“我们坚持两个原则：第一，募捐和使用分离。第二，活动举办以不打扰孩子们为准则。”郑佳付强调的这两个原则在此次爱心活动中得到了完美的实践和检验。

首先，钱款募集到位后，郑佳付第一时间将善款名单公示，并转至汉中当地的专业公益实施机构——汉中市希望公益志愿者协会，并在群里作了公示。此举受到麦友好评。

活动虽然是针对留守儿童的，但为了不给部分孩子们身上贴标签，此次活动每位孩子都收到了同样的鞋、袜和礼物，一个不少，一个不落下。

据悉，为了不影响孩子的学习和期考，汉中市希望公益志愿者协会和学校一起确定了活动举办的日期和方案。

## 精神公益，是双向的激励

“‘温暖小脚丫’，不仅是我们麦田汉中群的一次主题爱心活动，更是孩子们回馈给我们的一次精神洗礼。少年强，中国强。对少年儿童的精神关爱，是两代人心灵通达的力量传递。”这是郑佳付事后对这次公益活动的总结。

他记得在活动现场，也讲过类似的话：“我们采购了保暖鞋、袜、学习用品和礼物到校园，也有着深深的寓意：希望同学们，好好学习，天天向上，走出大山，走向城市，走向世界，完成自己的梦想，但无论走多远，也要惦记家乡，惦念家乡孩子一代一代少年儿童的精神成长。”

据悉，麦田社群以文化为魂、公益立群。此次“温暖小脚丫”活动，在形式上新颖，在活动中关照了全体同学的情绪，在精神公益层面更强调了激励与传承。

愿“温暖小脚丫”走得更远。

（作者系陕西麦田社群公益研究院研究室主任）

# 小善大爱

征服人心灵的是心灵本身。

——傅　雷

# 伟大的放弃

三秋树

引言

人们不得不扪心自问并思考，是什么会使这位早年失去丈夫，后又失去唯一正在上大学儿子的农村妇女具有如此高度的冷静、忍受、宽容、从善、理解、换位思考、将心比心的善良素养和道德风范？难道正因为地处闭塞，才使这个村庄数千年来的传统道德素养没有被丢掉，也没有遭到严重的侵蚀吗？

## 一

从湖南安化县高明村到安化县城，然后从安化县城到长沙，再从长沙到大连，将近3000公里的路途，罗瑛坐了两天一夜的车。本来，大连方面让她坐飞机，可是一听价钱，她觉得还是能省就省吧。沿着儿子韩湘上学的路，最远只去过镇上集市的罗瑛东问西打听，总算上对了车。

坐在座位上，汗还没擦干，罗瑛的眼泪就掉了下来——不出来不知道，世界这么大。她的湘儿从那个穷乡僻壤走出去，真是太不容易了。

两年前，乡亲们在村口敲锣打鼓地给湘儿送行，嘱咐他："好好读书，将来接你妈去城里享福。你妈一个人把你拉扯大，不容易。"

两年后，乡亲们在村口含着眼泪给罗瑛送行，告诉她："一定不能放过那个撞人的司机，他把你们这个家都给毁了！"

乡亲和亲戚有要陪罗瑛去大连的，可是，她想了半天，还是拒绝了。她怕人一多，她的心就乱了。

## 二

到了大连火车站，湘儿的老师、同学，还有公交车集团的领导以及那个肇事司机小傅都来接她。公交车集团和校方都为罗瑛安排了宾馆，可是罗瑛却要求去司机小傅家看看，让其他人先回。

对于罗瑛的要求，大家唯一能做的就是满足。公交车集团领导对小傅说，不管人家怎么闹，你都受着。人家唯一的儿子没了，怎么闹都不为过。

罗瑛去了小傅的家。五十平方米不到的房子，住着一家五口——小傅的父母和小傅一家三口，孩子刚上幼儿园。就在小傅的媳妇不知道该跟罗瑛说什么好时，罗瑛说："你们城里人住的地方也太挤了吧。"

罗瑛的话让小傅媳妇的眼泪一下子就下来了，她借机诉苦："从结婚就和老人在一起过。都是普通工人，哪买得起房子？一平方米一万多元的房价，不吃不喝两辈子也买不起。"罗瑛惊呆了："一万元一平方米，就这跟鸽子笼似的楼房？"小傅媳妇说："可不是。小傅一个月工资两千不到，一个月只休三天，没日没夜地跑，跑的公里数多就多赚点，跑的公里数少就少赚点。从当公交车司机那天起，就从来没有睡到自然醒的时候，生生落下一个神经衰弱的毛病。这些年，他也没跟家人过过一个团圆的节日。现在可好，又出了这么大的事故……"小傅媳妇干脆放声大哭起来。

罗瑛见状，赶紧对小傅媳妇说："姑娘，大妈想在你们家吃顿饭。"小傅媳妇赶紧擦干眼泪，忙不迭地让小傅出去买菜。可是，罗瑛坚决不同意，她说："家里有啥就吃啥。"

吃完饭后，罗瑛要去湘儿的学校看看。从进门到走，关于湘儿的死，罗瑛一个字都没提。

## 三

湘儿的同学领着罗瑛，把湘儿生前上课的教室、睡过的寝室等有过湘儿足迹的地方都走了个遍。校方为罗瑛组织了强大的律师团，主要目标有两个，一是严惩肇事司机；二是最大限度地争取经济赔偿。

罗瑛没见律师团，只是把湘儿的系主任叫了出来，跟他说："湘儿给你们添麻烦了。我还得继续添个麻烦，帮我联系把湘儿的尸体早些火化了。再派一个和湘儿关系最好的同学，领着我和湘儿把大连好玩的、他没去过的地方都转转。其余的事，我自己来解决，不能再给你们学校添麻烦了，也不能再让孩子们为湘儿耽误学习了。"系主任还想说什么，罗瑛说："湘儿昨晚托梦给我了，孩子就是这么说的，咱们都听他的吧。”

罗瑛把湘儿的骨灰盒装在背包里，像抱着一个婴儿那样，用一天的时间把滨海路、金石滩和旅顺口都走了一遍。

一天下来，湘儿的同学把眼睛都哭肿了，可是，罗瑛一滴眼泪都没掉。湘儿的同学对她说：“阿姨，你就哭出来吧。”罗瑛说：“湘儿四岁没了爸爸，从那时开始，我就没在湘儿面前掉过眼泪。孩子看见妈妈哭，那心得多痛……”

## 四

第二天，校方四处找不到罗瑛。原来，她一个人去了公交车集团。对于她的到来，集团做好了各种准备。他们已经将公司按交通伤亡惯例赔偿的钱以及肇事司机个人应赔付的钱装在了信封里。家属能接受就接受，接受不了那就走法律程序。

为了不使气氛太激烈，集团领导没让小傅露面，几个领导带着一个律师来见罗瑛。领导们做好了罗瑛痛不欲生、哭天抢地的准备——从下车到现在，罗瑛表现得过于平静，他们知道，这是暴风雨来临之前的平静——反正他们人多，每个人说一句好话，也可以抵挡一阵。有些事情，磨，也是一种办法，尤其是这样的恶性事故，就更需要用时间来消解。

罗瑛和公交车集团领导的见面没超过十分钟，掐头去尾，真正的对话不过五分钟。罗瑛说：“我请求你们两件事。第一件，希望你们别处分小傅司机；第二件，小傅司机睡眠不好，你们帮我转告他一个偏方——十粒去核的红枣，拌上盐、油、姜煮熟，早晚热着吃，吃一个月左右，肯定管用。”

集团领导一时反应不过来，罗瑛顿了顿，说：“湘儿给你们添麻烦了。”

罗瑛走了，对集团领导非要塞给她的钱，她怎么也不肯收：“这钱我没法花。把小傅司机的那份还给他，其余的你们给司机们吧。城里车多人多，行人不容易，开车的也不容易。”

## 五

罗瑛走了，比来时多了一件东西，那就是湘儿的骨灰。她小心地把湘儿的骨灰盒抱在怀里，看上去像一尊雕塑。

公交车集团上上下下全震惊了。不久，集团出资，买了整整两卡车的米、面、油向高明村进发。尽管走之前，他们知道那是湖南一个偏远的农村，可是到了目的地，还是被那真实的贫穷惊呆了——破败的房屋与校舍，孩子们连火腿都没见过；罗瑛家的房屋由几根柱子支着，摇摇欲坠。

罗瑛带着公交车集团的人，挨家挨户送米送面送油。她说："你们看，我说得没错吧，这些人的心眼儿好着呢。"

一行十五人，走的时候除了留下回去的路费，把其余的钱全拿了出来，大家恨不得把罗瑛一年的吃穿用度都给准备好。

时至今日，那场车祸已经过去六年了，但依然有大连人络绎不绝地来到高明村，不光是公交车集团的人，还有对此事知情的其他人。他们不光去看望年岁渐长的罗瑛，也为那个村庄做着力所能及的事——投资、修路、建新校舍……

湘儿是寡妇罗瑛这辈子最大的骄傲……但正是这位母亲的放弃，让一个悲剧有了昂扬的走向，有了最出人意料的后来。

（来源：《读者》）

# 这世界有好有坏，愿你被温柔以待

小　窠

引言

*每个人都希望被世界温柔以待，可又有多少人，愿意对这个世界温柔以待呢？*

来看这个发生在中国的真实故事。

一年前，一位拾荒老人静静地离开了这个世界。人们在整理他的生前物品时，意外发现他遗产惊人。

他到底是谁？

这个问题很快被回答。然而答案，却让所有人泪流满面……

2015 年，杭州图书馆，那位拾荒老人每天都来看书。

他很清瘦、寸头，穿得不大讲究：褪色的红外套，袖口有点脏；白球鞋上蒙了一层灰；一根竹棍挑着两个破袋子。

这个形象，怎么看都和干净的阅览室格格不入。

但在座看书的各位，谁都没资格嫌弃他。

他比所有人都更像读书人。

一落座，把拾荒的家当放好，起身，不是去书架拿书，而是直奔洗手间。秋冬一到，水很凉。他还是仔仔细细把手洗干净。

“不要把书弄花了。”老人常这样念叨。

传统的读书人讲究“爱惜字纸”。阅读前洗手，不把指印沾到书页上，很多人不当回事儿。他一个拾荒者却对书有近乎温柔的爱惜，让人心里不觉一暖。

有新闻报道他，人们才知道他叫“章楷”，杭州独居老人。

每天，“章楷”都会到图书馆看会儿书。“我们老了，大脑要萎缩了。要不断充电，不断得到精神支撑。”镜头前老人一脸认真。

看不清书上的字，又没钱配眼镜，“章楷”只能奋力贴近。

耳朵有点背，只能听清身边的喊话。但一旦和人辩论起来，他逻辑清晰，条条有理，知识面特别丰富。

整个图书馆，只有他年事最高。可不知道为什么，那个佝偻的背影，看上去很安静。

图书馆的人待“章楷”很亲近。工作人员已经习惯看着他挑着破袋子，笑眯眯地进进出出。

刮风、下雨，只要图书馆开门，他都来。

除了那天。2015 年 11 月 18 日，“章楷”失约了。

他在过斑马线的时候，被一辆出租车撞成重伤，送去医院治疗。经抢救无效，几天后，去世。

杭州图书馆再也见不到这个认真洗手的老人，世上也少了一个读书之人。

“章楷”走了，但故事还远没有结束。

女儿在整理他的生前之物时，意外发现了一笔惊人的遗产。也正是这笔遗产，揭开了这位拾荒老人背后伟大的一生。

那笔遗产，不是钱，而是满满一铁盒的收据、发黄的信：“希望工程结对救助卡”“扶贫公益助学金证书”、一封封的感谢信。

每一张纸上，收件人都写着：魏丁兆。

女儿一脸莫名其妙：魏丁兆是谁？我父亲叫韦思浩。

等等，那拾荒老人“章楷”又是谁？

这些年，他一直在匿名给困难学生捐款吗？

原来这一切，都是韦思浩隐藏多年的秘密。

除了拾荒者，韦思浩还有另外一个不为人知的身份：杭州某中学一级退休教师。

一辈子站在讲台上教书育人、兢兢业业，直到退休那天。而退休之后，他又坚持 20 年，给贫困学生捐款，让更多的人接受教育……

他晚年本可以过得很舒适：

住在教育单位分的房子里，不用担心房贷；三个女儿都特别孝顺；每个月 5000 块钱的退休金，社会保障齐全。

每天喝茶、遛鸟、逛公园。晚上 9 点上床，早上 6 点醒来。日子安稳、岁月静好。

在所有人眼里，这叫天伦之乐，除了韦思浩。

这个“固执”的老人根本闲不住。

退休后不久，他就找根竹竿，挑着两个大袋子，上街“寻宝”了。易拉罐也要、塑料瓶也要，袋子里满满当当的破烂。

周围人看不过去，都劝他：你到底也是个有身份的人啊！

嗯，这话不假。韦思浩确实是个体面人：

那个连高中生都很稀缺的年代，他是杭州大学（现并入浙江大学）的高才生；

参与过《汉语大词典》的编写；

中学一级教师。

但退休后的韦思浩，变成了一个叫“章楷”的拾荒老人，和“体面”根本不沾边。

他吃的这些苦，不过是想给上不起学的孩子，多捐点钱。

从 20 世纪 90 年代起，韦思浩就一次性捐出过三四百元。如今，三四千元。

20 多年来，光捐款助学凭证，大大小小几十张。

上面统一的签名：魏丁兆。都是化名，这件事，他压根儿不想让别人知道。

一个人，是可以雪白无私成这样的。

这些，都是受资助的学生给韦思浩写的感谢信。

有一封是这样的：

魏爷爷：您好，好久没给您写信了。我现在在学校学习，两三个星期才能回家一趟。我妈妈和爸爸没有文化，能让我们上学已经是幸运了，感谢您……

“魏爷爷”，这些孩子甚至不知道他的真名，叫韦思浩……

他无怨无悔。

为了最大限度省下钱，韦思浩一直住在没装修过的毛坯房里。

一张木板床、一个小灯管，再也没有其他家具。

女儿给他买的手机，他从来不用。家里水电、燃气都没通，他过的是最低标准的生活。

然后把省下来的所有钱，换成了孩子们的希望。韦思浩是拾荒者，他是我们精神世界的拾荒者。

这一生，韦思浩都献给了教育。

教育是什么呢?

陶行知说过：教育，是教人变好。

但教人变好，自己首先是个好人。

韦思浩不断把自己交付出去：半辈子教书育人；走下讲台退休后，却把更多的学生送入教室；甚至离开这个世界后，都在帮助别人。

十几年前，他就签订器官捐献协议，捐掉所有可用器官，让其他有需要的人活得更好。骨灰就撒向江河、顺水而去。

这个世上，有很多了不起，和钱没关系。这个世上，也总有一种平凡，让人泪流满面。

但那个把捐款单一藏 20 年的老人，一定不在意这些名誉。他这一辈子，心里最放不下的，不是名利，是学生。

2016 年春天，杭州图书馆前，竖起了韦思浩的半身雕像。这个爱阅读的温柔老人，终于可以永远和书在一起了。

图书馆外面的马路上依然熙攘，韦思浩先生曾流连过的书架上还飘着书香。那些因为他而受到帮助的孩子，得以更好地成长。

这就是一个人最善良的样子，但行好事，不问前程。善良是来自内心和灵魂的选择，不需要任何理由。

这个世界，他来过，也爱过，对于需要帮助的人，他温柔地对待过。

正因为有人愿意对世界善良以待，更多的人，才会被这个世界温柔以待。

愿善良的你，被温柔以待。

（来源：微信公众号“视觉志”）

# 当我老了
## 请不要嫌弃我

杨恒均

### 引言

游荡了这么多年，从东到西，又从北到南，一年又一年，我在长大，知识在增加，世界在变小，家乡的母亲在变老。

21年前母亲把我送上了火车，从那以后，我一刻也没有停止探索这个世界。20年里，从北京到上海，从广州到香港，从纽约到华盛顿，从南美到南非，从伦敦到悉尼，我游荡过50多个国家，在十几个城市生活和工作过。每到一个地方，从里到外，就得改变自己以适应新的环境，而唯一不变的是心中对母亲的思念。IP电话卡出现后，我才有能力常常从国外给母亲打电话，电话中母亲兴奋不已的声音总能让我更加轻松地面对生活中的艰难和挑战。然而也有让我不安的地方，那就是我感觉到母亲的声音一次比一次苍老。过去两年里，母亲每次电话中总是反复叮嘱：好好在外面生活，不要担心我，一定要照顾好自己，不要想着回来，回来很花钱，又对你的工作和事业不好，不要想着我……说得越来越啰唆，啰唆得让我心疼，我知道，母亲想我了。

母亲75岁那年，我毅然决定放下手头的一切工作，搁下心里的一切计划，扣下脑袋里的一切想法，回国回家去陪伴母亲一个月。这一个月里，什么也不干，什么也不想，只是陪伴母亲。

从我打电话告诉母亲的那一天开始到我回到家，有两个月零八天，后来我知道，母亲放下电话后，就拿出一个小本本，然后给自己拟订了一个计划，她要为我回家做准备。那两个月里母亲把我喜欢吃的菜都准备好，把我小时候喜欢盖的被子“筒”好，还要为我准备在家里穿的衣服……这一切对于一个行动不方便的、患有轻微老年痴呆症的母亲来说是多么的不容易。直到我回去的前一天，母亲才自豪地告诉邻居：总算准备好了。

我回到了家。在飞机上，我很想见到母亲的时候拥抱她一下，但见面后我并没有这样做。母亲站在那里，像一根风干的劈柴，脸上的皱纹让我怎么也想不起母亲以前的样子。

母亲花了整个的小时准备菜，她准备的都是我以前最喜欢的。但是我知道，我早就不喜欢我以前喜欢的菜了。而且母亲由于眼睛看不清、味觉的变化，做的菜都是咸一碗、淡一碗。母亲为我准备的被子是新棉花垫的，厚厚的像席梦思，我一点儿也不习惯，我早就用空调被子和羊毛被了。但我都没有说出来，我是回来陪伴母亲的。

开始两天母亲忙着张罗来张罗去，没有时间坐下来，后来有时间坐下来了，母亲就开始啰唆了。母亲开始给我讲人生的大道理，只是这些大道理是几十年前母亲反复讲过的。后来母亲还讲，而且开始对照这些道理让我检讨我的生活和工作。于是我开始耐心地告诉妈妈，那些道理过时了。于是母亲就会痴呆呆地坐在那里。

情况变得越来越糟糕。我发现母亲由于身体特别是眼睛不好，饭菜里经常混进虫子苍蝇，做饭时不讲卫生，饭菜掉在灶台上，她又会捡进碗里，于是我婉转地告诉母亲，我们到外面吃一点儿。母亲马上告诉我，外面吃不干净，假东西多。我又告诉母亲，想为她请一个保姆，母亲生气地一拐一拐在房间里噼啪噼啪地走，说她自己还可以去给人家当保姆。我无话可说。我要去逛街，母亲一定要去，结果我们一个上午都没有走到商场。

每当我们讨论一些事情的时候，母亲总以为儿子已经误入歧途，而我也开始不客气地告诉母亲，时代进步了，不要再用老眼光看东西。

和母亲在一起的下半个月，我越来越多地打断母亲的话，越来越多地感到不耐烦，但我们从来没有争吵，因为每当我提高声音或者打断母亲的话，她都一下子停下来，沉默不语，眼睛里有迷茫——母亲的老年痴呆症越来越严重了。

我要走前，母亲从床底下吃力地拉出一个小纸箱，打开来，取出厚厚的一捆剪报。原来我出国后，母亲开始关心国外的事情，为此她还专门订了份《参考消息》，每当她看到国外发生的一些排华辱华事件，或者出现严重的治安问题，她就会小心地把它们剪下来，放好。她要等我回来，一起交给我。她常常说，出门在外，要小心。几天前邻居告诉我，母亲在家看一部日本人欺负中国华人的电视剧，就哭了起来，第二天到处打听怎么样才能带消息到日本。那时我正在日本讲学。

母亲吃力地把那捆剪报搬出来，好像宝贝一样交到我手里，沉甸甸的，我为难了，我不可能带这些走，何况这些也没有什么用处，可是母亲剪这些数据下来的艰难也只有我知道，母亲看报必须使用放大镜，她一天能看完两个版面就不错了，要剪这么大一捆数据，可想而知。我正在为难，这时那一捆剪报里飘落下一片纸片。我想去捡起来，没有想到，母亲竟然先捡了起来。只是她并没有放进我手里的这捆剪报里，而是小心地收进了自己的口袋。

"妈妈，那一张剪报是什么？给我看一下。"我问。

母亲犹豫了一下，把那张小剪报放在那一捆剪报上面，转身到厨房准备晚餐去了。

我拿起小剪报，发现是一篇小文章，题目是"当我老了"，旁边的日期是《参考消息》2004 年 12 月 6 日（正是我开始越来越多打断母亲的话，对母亲不耐烦的时候）。文章摘选自墨西哥《数字家庭》11 月号。我一口气读完这篇短文：

### 当我老了

当我老了，不再是原来的我。
请理解我，对我有一点耐心。
当我把菜汤洒到自己的衣服上时，当我忘记怎样系鞋带时，
请想一想当初我是如何手把手地教你。

当我一遍又一遍地重复你早已听腻的话语，
请耐心地听我说，不要打断我。
你小的时候，我不得不重复那个讲过千百遍的故事，直到你进入梦乡。
当我需要你帮我洗澡时，
请不要责备我。
还记得小时候我千方百计哄你洗澡的情形吗？

当我对新科技和新事物不知所措时，
请不要嘲笑我。
想一想当初我怎样耐心地回答你的每一个"为什么"。
当我由于双腿疲劳而无法行走时，

请伸出你年轻有力的手搀扶我。

就像你小时候学习走路时，我扶你那样。

当我忽然忘记我们谈话的主题，

请给我一些时间让我回想。

其实对我来说，谈论什么并不重要，只要你能在一旁听我说，我就很满足。

当你看着老去的我，请不要悲伤。

理解我，支持我，就像你刚才开始学习如何生活时我对你那样。

当初我引导你走上人生路，如今请陪伴我走完最后的路。

给我你的爱和耐心，我会报以感激的微笑，这微笑中凝结着我对你无限的爱。

一口气读完，我差一点忍不住流下眼泪，这时母亲走出来，我假装什么也没有发生，母亲原本是要我带走后回到海外自己再看到这张剪报的。我随手把那篇文章放在这一捆剪报里。然后把我的箱子打开，我留下了一套昂贵的西装，才把剪报塞进去。我看到母亲特别高兴，仿佛那些剪报是护身符，又仿佛我接受了母亲的剪报，就又变成了一个好孩子。母亲一直把我送上出租车。

（来源：《星星生活》）

# 让我们的孩子平视 这个世界

田惠萍　林美瑗

引言

我们就这么默默地行驶在太平洋的海岸线边上，风很温和，海也很蓝，在我俩之间，流动着一种安静而隽永的感觉，是我们俩能共同体会到的，那样的时刻，真的很美……

女儿舒安刚出生便患有重度脑瘫，在那时候的台湾，早期康复的服务机构也很欠缺，为了接受早期疗育，林美瑗带着3岁的女儿从乡下到台北再到花莲，并在1996年6月1日这天创建了台湾发展迟缓儿童早期疗育协会（以下简称早疗协会），目的是搭建一个桥梁，让专业人员去帮助有需要的偏远地区的孩子。

她说，成立早疗协会就是想把台湾的城乡差距给拉平，让偏远地方的孩子也能享受一样的服务，早疗协会就是"帮助孩子的一双大手"。

20年过去了，林美瑗的女儿在27岁的时候离开了她，而如今有3000多个在花莲、台东、南投偏远地区的孩子正接受着早期疗育的服务，在林美瑗的眼里，城乡差距拉平了。

这让她倍感欣慰。

## 我一路推着女儿上山下海

女儿在出生6个月时发病，一直抽筋，每天抽筋十几次，是脑瘫里最重度的类型，医生说这样的孩子，通常都活不了多久，叫我放弃。但是我舍不得，一个孩子好好的怎么能放弃呢？

医生说，如果你坚持要养，你的孩子一辈子都将躺着看天花板。

我回复他，我不愿意让我的孩子看天花板，我要让她平视这个世界。

在27年前的台湾，有一个这样的孩子，父母也很求助无门，早疗机构只在台北有，排号一直排到了女儿3岁半的时候，我带着她从台南的乡下来到台北，开始进行早期疗育，我们不是大户人家，那时在台北真的很辛苦，要租房子，要生活，就差到砸锅卖铁那一步。

再后来，我带着7岁的女儿到花莲遇到她的主治医生，成立了早疗协会，这个早疗协会，就是从我家里先开始的，因为我知道，要为这个群体做些什么，只有我一个人远远不够。

其实在女儿两岁半的时候我就想明白了，父母希望孩子一辈子都不会去做坏事，能一直待在我们身边，现在这样的孩子就在你面前，为什么要嫌弃呢?

我一直带着女儿出门，在她6岁的时候，我学会了开车，逢年过节，我就开车带她回老家，平时带出去找朋友，参加各类活动；我带着她去温泉、景点，去各个城市、城市里的餐厅，我推她去卡拉OK，在旁边唱得很嗨，她就“啊，嗯”地附和，做我的听众。

这一路走来，女儿陪着我成立早疗协会，看着我一路拼搏，她知道我那么卖力都是为了她。

我记得那个时候，白天她在机构里接受训练，我下班后开车去接她回家，我会带着她沿着海岸线兜风，因为上班劳累我没说话，她也没出声。

我们就这么默默地行驶在太平洋的海岸线边上，风很温和，海也很蓝，在我俩之间，流动着一种安静而隽永的感觉，是我们俩能共同体会到的，那样的时刻，真的很美……

回头看看，我一直觉得，我们做父母的，要珍惜孩子的生命，她并不会一直带给我们拖累。我一路推着她上山下海，出门演讲，都很自在，她的生命是可贵的。虽然终其一生，我的女儿不会讲话，也不会走路，可我做到了让她真的是在平视这个世界，享受好山好水、风花雪月。

## 从“不敢让别人知道我的儿子是自闭症”开始

2016年7月9日，我在南昌演讲，结束前有个交流时间，我邀请学员反馈。

有一位年轻的妈妈举手，当麦克风交到她手中时，她的嘴巴张开只说了一句：“我儿子是两岁半的自闭症……”然后就哽咽着讲不下去了。

等了几秒钟后，大家鼓掌让她继续说："我不敢让别人知道我儿子是自闭症……"

记得多年前有一天，我在电梯里碰到一位妈妈背着一个三四岁的孩子，初夏已经很热的季节了，孩子被包在大大的布襟里露出直直瘦瘦的双脚，我打量着那妈妈，心里有数，那孩子可能是脑瘫儿。

走出电梯后，我趋上前关心地对着那位妈妈说："天气热，这样背是很辛苦的，为什么不用推车呢？"

她不理睬我。

"我也是脑瘫孩子的妈妈，知道这样久背，腰部会受伤的。"我说。

她望我一眼，悠悠地说："我不愿意让邻居知道我小孩这样。"

为什么华人世界家中生了残障儿女就是"耻辱"？为什么孩子被确诊为自闭症就是"绝症"？就注定得卖房卖地去训练？在这种似是而非的框架下，造成大陆成千上万的女人，因为子女的残疾，也让她成为受害者和必须自责的宿命。

我经常呼吁父母一定得挣脱这样无理的枷锁，就大自然界生物的多样性和变异的自然率，这些有残疾或发育迟缓孩子，他们"若不生在我家，就生在你家"，就这么自然呀。

可是现阶段对于孩子的各种发展障碍，其中有很大的比例我们是无法确定其中原因的，包括医师或医学研究人员。

然而这样的知识和坦然，对于新手家长的家庭成员，是很难理解和接受的。这也造成了家长的恐慌和"病急乱投医"的迷思心态，这种现象让市面上打着能包医或包"训练成功"的骗子到处可见。遂使很多家庭几乎倾家荡产，成为"新贫一代"的灰头土脸的父母。

## 和田惠萍、弢弢在庐山度过的 3 天

在南昌演讲结束后，我有幸在"心与心特殊儿童训练学校"张卓主任的安排下，去庐山小住了 4 天。

在庐山上，我很惊喜有机会和国内第一家自闭症机构"星星雨"创办人田惠萍老师母子比邻而居。承蒙田老师的热忱与慷慨，让我有 3 天晚餐和他们共享。热爱下厨做饭的田老师，能烧一手好菜，简单又快速，显然是经常下厨的人。

那三顿愉快的晚餐，我们两人喝着清凉的啤酒，从餐桌食物聊到天下苍生，从自身故事讲到大陆的自闭症群体，从国内旅游讲到世界许多美好的角落……

我们一直讲一直享受着两人脑子里的东西，而吃饱饭后的杨弢，他安静地斜靠在沙发椅上看他的电视，或没任何事地躺着，任由两个资深女人天南海北地聊。

那 3 天的相聚时光，真是我美好的记忆，也为 7 月我在大陆行脚 20 多天创造了难忘的画面。谢谢田老师，谢谢张卓主任的安排，庐山的美妙，对我而言已经是“好上加好”了。

短暂的 3 天其实意犹未尽，但我已经亲自从田老师口中得知“星星雨”从无到有，从筚路蓝缕到今天卓然有成，从大家不知道自闭症是什么到今天很多人已经明白自闭症光谱的特征。

田老师是一个痛快的人，她的思辨能力和分析事情的角度，特别让我佩服，她讲话铿锵有力，特别能激发人心。除了谈国内的特殊教育和康复以外，我们还有共同的嗜好，那就是“旅行”。

很多人一定或讶异我们这两个带着重度或极重度残障孩子的女人，如何让自己的脚踪行无碍？我们除了有自己“自助旅行秘方”外，主要促成的动力是“好日子是过出来的！”这样的理念和生活态度，这就是田惠萍老师和我最津津乐道和有点沾沾自喜的地方。

田老师不仅在国内自闭症领域声名大噪，其实更值得一提的事是发出为孩子们“维权”的正义之声。

当她听到我极重度残障的女儿也有“特殊学校高中毕业证书”时，她眼睛很亮地对我再次说：“所有先进地方的残障孩子，就学是他们的权益，和他们的能力无关，这是义务教育赋予的权利！”

## 重度残疾的孩子对一个家庭产生的影响

这次去庐山的旅行是很早之前就安排好的，可以说是我十几年前就有的愿望了，感谢张卓的安排，在参加完南昌的活动之后让我们可以在庐山那么凉快舒适的地方避暑休闲了一段时间，感觉就像神仙一样的生活。

在庐山我们就像平时在家一样买菜做饭，平实的生活的确很自在。

和林美瑗女士这次在南昌第一次见面，在庐山能深入地相处交谈确实也是很投缘，我们天南地北什么都聊，和她感觉没有什么距离，我们的思想价值观有很多共同点，因为我们都是和文明很近的人。

我没有去过台湾，但是也了解过很多台湾的情况，从她口中也进一步印证到台湾社会对自闭症等残障人士的支持体系文明程度非常高，达到世界先进水平，这是我们大陆还远远赶不上的。

目前在大陆谈到使人们改变对自闭症人士的认识，我是很孤独的，我们不能消灭自闭症，一说到自闭症就想尽快康复，而不去想怎么和自闭症和平共处，怎样去建立支持体系，怎么去尊重生命。

但是跟林美瑗女士一说她就很明白问题的所在，我们的认识是在同一个层面上的，我常常列举其他发达国家的情况，人们会说那是外国，和我们的文化不同，但是从她口中说出来台湾也能达到这样的情况就比我说得更有说服力。

那么我就更坚定了，目前我们存在的问题是文明的差距，而不是文化的差距。

想象一下，如果美瑗重度脑瘫的女儿在大陆的话，怎么可能拿到高中的文凭？在没有成熟支援体系的情况下，重度残疾的孩子对一个家庭会产生毁灭性的影响。

带弢弢出门对我来说不是什么不可想象的事情，他没有什么行为问题，而且跟我一起旅行的经历也非常多，早就适应了，所以除了预先告知他我们的一个行程安排以外也没有需要特别准备的东西，即使遇到一些航班延误等意外情况，我们也是可以从容应对的。

平时我也有自己的工作、生活和旅行，培训活动在周末进行的话，我需要带着他一起，这一样也是很方便的。

我的生活不是只有他，而且他也绝对不是我的负担。

## 走吧，带着我们的孩子大大方方地出门

林美瑗的出游提示：以前，我带着女儿出门的时候也曾被歧视过，她在火车上也会哭、会吵，这时我就向周围人解释女儿的情况，说她坐车太久了会不舒服，我跟周围的人诚恳道歉，并说会好好安抚，得到了所有人的宽容和谅解。

如果你要带着孩子出门，我有这些小建议：

1. 不管孩子听不听得懂，都要告诉他，妈妈爸爸将要带你去哪里，将会是一种什么状况——做预告。

2. 一定要带孩子熟悉的用品，让她有安全感。妈妈可以自己带着儿童绘本，一些温和类的玩具（以免吵到旁人）。

3. 有些孩子吞咽不好，所以一定要带剪刀或适合孩子吃饭的汤匙，尽量避免麻烦别人。

4. 在训练大小便的时候，要记得自己带马桶。脑瘫的孩子比如我女儿，马桶就是特制的，有扶手，尺寸也要合适孩子。这些生活中的细节，都是要注意的。

5. 学会开车。我很鼓励家长们自己学会开车，开车很重要，等于你多了一双脚，一方面不用依赖老公一直接送，另一方面自己可以带很多东西出门，而且孩子的世界会因此变得很宽广。

我是在孩子 6 岁时学会的开车，也许有些家长会害怕马路上的车流，没关系，不用怕，“为母则强”，你只要想着我开车是为了方便带着女儿四处走走看看，那么马路再怎么可怕，都能克服。

（田惠萍系中国第一家服务于孤独症及其家庭的教育机构——星星雨教育研究所的创始人，林美瑗系台湾发展迟缓儿童早期疗育协会共同创始人、秘书长。来源：微信公众号“大米和小米”）

# 爱在付出中 **成长**

林 默

## 引言

2017 年 2 月 8 日，“感动中国”2016 年度人物揭晓，郭小平，临汾红丝带学校校长引起了大家的关注。

他说：“刚开始办学校的时候，觉得自己承担了社会责任，甚至觉得自己伟大，现在对孩子们的感情越深，这种想法越淡。他们就是我的孩子。现在我和孩子们之间就是个‘情’字。”

郭小平，出生于1963年，现任临汾市第三人民医院院长，红丝带学校的创办者和校长。

2013年11月28日下午3点，郭小平和刘丽萍带着翠翠和红霞逛了北京天安门，准备坐地铁返回宾馆。一路上，翠翠抱着郭小平的胳膊，红霞紧紧拽着刘丽萍的手，小猫一样靠在车厢上。“这俩孩子都是第一次来北京，得逛逛天安门。”说着，郭小平抬头看看地铁到站指示灯，盘算着还有几站下车。

他们这次到北京，是参加世界艾滋病日的宣传活动。12月1日——世界艾滋病日，这一天，对他们有着特别的意义。他们来自山西临汾红丝带学校——我国唯一一所艾滋病患儿学校，郭小平是校长，刘丽萍是生活老师，翠翠和红霞则是那里的孩子。

“你叫我校长，我觉得特别怪。”郭小平瘦且高，戴着眼镜，文质彬彬的样子。他笑着告诉记者：“其实呀，我就是个大家长。”的确，孩子们很少叫他校长，都叫他“伯伯”。

## 让孩子们过得快乐一点

“最早就是一个简单的想法，根本没想到后来会成立一个学校。”回忆起创办学校的过程，郭小平如是说。

2004年，郭小平所在的临汾市第三人民医院建立了专门收治艾滋病患者的病区“绿色港湾”，其中有几名因为母婴感染、一生下来就携带艾滋病病毒的孩子。由于父母去世，亲戚也不愿意接他们回家，4个孩子长期住在了病区。

孩子们到了上学的年纪，但对他们来说，这并不容易。由于经常发病，他们身体虚弱，随时可能住院；人们对于艾滋病的恐惧、歧视也让孩子们受到不少伤害。曾静是4个孩子中的一个，他曾去学校上学，可当老师和同学知道他有艾滋病后，他就被彻底孤立了。“上课时，我被孤零零地安排在教室的一个角落；下课后，也没人愿意跟我说话。”后来，曾静得了抑郁症。抑郁症好了，他也不想再回学校了。

这些无辜的孩子本就生死未卜，还被人歧视，这让郭小平很难过。“也不知道孩子们能活多久，就是想让他们学一点知识，过得快乐一点。再说，待在医院里，也不上学，不成文盲了吗？”

为此，医院腾出了一个病房，买了块黑板、4张课桌，“爱心课堂”就这样“开学”了。医生、护士轮流当老师，拿来自家孩子用过的课本，利用空闲时间教孩子们认字、做算术。课堂虽小，但孩子们高兴极了，经常是刚拔掉输液瓶，就飞奔到教室。病区里的患者刘丽萍主动请缨给孩子们当老师，9年前，一次术后输血时，她不幸感染上了艾滋病。“想到过自杀，也想过要报复社会。”但这个小课堂让她看到了希望。

课堂建立不久，孩子们的命运迎来了转折。2005年，医院收到来自国际捐助的儿童抗病毒药物。这种药可以抑制患者体内的病毒，增强免疫系统，只要按时服用，孩子们就能健康地活下去。

一年后，“爱心课堂”里的孩子增加到了16名。孩子多了，临时教室就不够了。2006年9月，依靠社会捐助，“红丝带学校”建立起来，但招老师却成了郭小平的心病。只要有教师资格证，愿意来的，他们统统招收。“我们待遇不好，又是这样的学校，没啥人愿意来。”郭小平记得，聘来的第一个老师上课时戴着手套、穿着消毒外套，不愿意跟孩子们接触，没多久就离开了。但现在好了，学校有7

名教学老师和两名生活老师，郭小平的女儿也是其中之一。“我闺女从小就跟着我，和孩子们在一桌上吃饭，她根本没有‘歧视’这个概念。从医科毕业后，我说你去学校教孩子们吧，她乐呵呵地就来了。”

对学校的25个孩子来说，这里就是他们的家。有人照顾他们的生活起居，有人教授从小学到初中的课程。一进校门，你就能看到一组图画：郁郁葱葱的树上挂着大苹果，每一个都贴着一个孩子的笑脸，周围簇拥着一棵棵向日葵。

## 最大的快乐是社会歧视减轻了

随着孩子们一天天长大，郭小平又有了一个心病。学校成立6年来，一直没有办学资格，孩子们没学籍，也就拿不到毕业证，不能参加升学考试。为此，他跑过不少地方，但一直难以解决。

转机悄然到来。2011年11月15日，世卫组织“抗击结核病和艾滋病亲善大使”、歌唱家彭丽媛来到学校看望孩子们，还和他们一起吃了午餐。彭丽媛的到访，大大推进了学校“转正”，不到一个月学校正式挂牌。

学校合法了，孩子们有了学籍，郭小平的心也大了。“以前，我觉得孩子们能上个职业学校，能自食其力，也就够了。现在，我对他们的期望也高了——考高中、考大学。”他难掩兴奋，“初三的孩子，我亲自抓学习，还挺见成效的。”

因为担心孩子们不被正常的高中接收，郭小平已经提前聘请了高中老师。“考上考不上，那是凭个人的本事。但是，受教育是孩子们的权利。”对这一点，他很坚持。

说到学校和孩子们，郭小平总是乐呵呵的。“我给学校建了个微信群，能在上面开会，老师们有事也能随时找到我。”“我没什么爱好，就爱看书，《儿童心理学》啥的，毕竟我还当着校长呢。”不过，他也有生气的时候，“有两个孩子不按时吃药，一个病毒变异了，一个血小板降低了。”

被问及办学的艰难，郭小平笑了：“你们总爱问我多难，难事当然有，但过去了我就忘了，只记得那些快乐的事。”人们对艾滋病态度的变化，是最让郭小平快乐的事：热衷于公益的人越来越多了，社会的歧视减轻了。“10年前我做艾滋病防治，别人都不愿意跟我一桌吃饭。现在我们发起了‘5·26国际艾滋病反歧视午餐日’，到了那一天，来的人太多，坐都坐不下。我们学校旁边是个村子，刚建校的时候，孩子们去村里理发，没人给理，想买东西，人家也不卖，现在就好多了。”他还开玩笑说，过去连小偷都不来，现在“都有人开始偷我们的菜了”。

## 希望有朝一日，不再需要有红丝带这样的学校

红霞今年5岁了，是个俊俏的小女孩，用红色皮筋扎着两个小辫子。一个月前，她和哥哥一起来到红丝带学校，他们的父母早已去世，刘丽萍就成了她的妈妈。这次来北京，红霞还在故宫附近照了相，郭小平兴奋地拿着手机向记者展示：女孩穿着旗袍，像个小格格。

郭小平告诉记者，学校里有一半孩子是孤儿。“这些孩子要是没人管，还不就自生自灭了。等长大了，你说他能不憎恨社会？很多人都说艾滋病儿童的问题，光说有啥用，总得有人去做吧。”

也曾有人对红丝带学校提出质疑，认为建一个专门的艾滋病儿童学校，本身是一种隔离政策，不利于孩子们的成长。郭小平也在思考这个问题：“建立专门的艾滋病儿童学校确实不是最好的办法，可如果没有这个学校，孩子们很可能就没有学上。这就是现实。”但他相信，随着社会进步，艾滋病患儿终究会到正常的学校去上学。“我希望有朝一日，不再需要有红丝带这样的学校。”

对孩子们的未来，郭小平的想法十分清醒。尽管歧视减轻了，但他们想要像普通人一样上学、工作、生活，仍然不容易。他常会和孩子们聊起人生、梦想、将来的职业选择，给他们建议，也会给他们一些不切实际的想法泼冷水。一个女孩想当幼教老师，被他一口否定：“哪个家长肯把孩子送到你这儿？”

“别人说，我有社会责任感。其实，啥社会责任呀。我和孩子们在一起9年了，他们就是我的孩子。”窗外，天已经黑透了，各家亮起了灯光，明亮而温馨。郭小平认真地问：“你养活自己的孩子，那能叫社会责任感？那就是个‘情’字。”

（来源：《环球人物》）

# 慈善文化

与其说爱别人而行善，不如说是为了尊重自己。

——［法国］福楼拜

# 孔子的慈善思想

徐建设　张文科

## 引言

中国是世界上最早倡行和发展慈善事业的国家之一。虽然从现有的文献来看，“慈善”一词的使用开始于南北朝时期，但行善积德、救人济世等慈善思想的出现却要早很多。自先秦时期以来，儒家、道家、佛家、墨家等文化流派分别从自身的学术体系出发，提出了许多精湛的慈善思想，其中，孔子的仁爱思想对后世慈善事业发展影响深远。

孔子（公元前551～前479年），名丘，字仲尼，春秋晚期鲁国人（今山东曲阜人）。他是我国古代著名的思想家、教育家、政治家，儒家学派的创始人。孔子的主要思想，因《论语》一书而被世人所熟知。但究竟是“仁”还是“礼”才是孔子思想的核心，学界一直未能达成一致。但从慈善角度入手，“仁”无疑是孔子慈善思想的核心。

## 一、“仁”：孔子慈善思想的核心

### （一）“仁”的本义

“仁”字出现很早，从字体演变来看，早期“仁”，上面是“身”，下面是“心”，后来变为“仁”。“仁”从身从心。有学者将“仁”的含义解释为心中想着其他人，才能做到身心一致。到了东汉，许慎也认为“仁”：“亲也，从人从二。”也就是我们普遍认为的“仁”是表示人与人之间的相互亲善的关系。

从文献学角度看，“仁”字在孔子前就已经使用。我们知道，甲骨文、金文中已经开始使用“仁”。近年来，新出土文献中也出现“仁”字。就古籍文献而言，孔子之前最早的记载出现在《尚书·金縢》，其中有“予仁若考”的记载。《诗经》中有两处：《诗经·郑风·叔于田》中说“洵美且仁”；另一处在《诗经·齐风·卢令》中，其中有“卢令令，其人美且仁”。很显然，这里的“仁”也是表示亲爱、慈爱或指一种美德，大体上指爱的意思。

到了春秋时期，“仁”的使用频率更加普遍化和广泛化。《左传》中出现有30多次，《国语》中出现有60多次。此时的“仁”逐渐有了道德的含义，如《左传·隐公六年》记载：“亲仁善邻，国之宝也。”这里的“仁”字已经具有了道德的含义。

总之，“仁”作为孔子慈善思想的核心概念，主要是指要求人与人之间应相亲相爱，而不仅是协调人际关系的准则。

### （二）孔子将“仁”内涵的拓展

尽管“仁”在孔子之前已有，但孔子将从道德角度对“仁”的含义进一步增强，并进行了深入的解释。

例如，作为体现孔子思想的《论语》，对“仁”的阐释就很多。我们常常看到的有：“仁者爱人”（《论语·颜渊》）、“克己复礼为仁”（《论语·颜渊》）、“己欲立而立人，己欲达而达人”（《论语·雍也》）、“仁者必有勇”（《论语·宪问》）、“刚、毅、木、讷近仁”（《论语·子路》）等。

在孔子这里，“仁”是处理人际关系的道德准则。其中最为核心的就是“仁者爱人”。这一思想是春秋时代兴起的以人为本思想的集中体现。

孔子将“仁”的核心精神概括为“爱人”。这种“爱人”理念，是人类普遍相爱的一种感情，要求人们在处理社会交往的人际关系中要求要爱周围所有人，要做到与所有人都友善。

将“仁者爱人”上升到处理普遍的人与人之间关系的一般准则，就超越了宗法社会中血缘家族的范围。从慈善角度讲，在人际交往中，就要求人们爱一切人，做到与一切人友善，建立起一种人人相亲相爱的和谐关系。这一思想成为儒家文化慈善思想的重要思想动力。

孔子这里的“仁者爱人”不等同于西方“博爱”的观念。“仁爱”要求爱普遍的人类，但这种爱不是无差别、无原则。首先，孔子的“仁爱”注重“孝悌”，“孝弟也者，其为人之本与！”这中“爱有差等”的观念，不仅为近代人所批评，就是当时的墨子也不甚满意，才提出了“兼爱”的学说。应该说，无论是墨子，还是近代的一些学者，都误解了孔子的本意。孔子只是说从“孝悌”入手，培养人的慈善爱人观念，并不是说不爱其他人。孔子讲的“老者安之，朋友信之，少者怀之”的理想就是一种博爱观念。其次，孔子慈善思想“爱人”的原则还包括：“己欲立而立人，己欲达而达人”，“己所不欲，勿施于人”。从慈善视域说，孔子这一原则有两层意思。一是要求人们在自强的同时尽可能地帮助别人；二是自己不想做的事就不要强加于别人。与我们今天的“慈善”含义相比，孔子的慈善观念范围更广，层次更深。为了实现“在邦无怨，在家无怨”，孔子要求人们要做到“仁”，才能真正“爱人”。

“仁”作为一种思想境界标准如何才能实现呢？孔子提出了自己的实现方式，即曾子所说的“夫子之道，忠恕而已矣”，即“忠恕”之道。

“忠”是从积极的方面考虑的，就是上边提到的“夫仁者，己欲立而立人，己欲达而达人”（《论语·雍也》）。“恕”是从消极的方面讲的，即是“己所不欲，勿施于人”（《论语·卫灵公》）。这里强调了一种前提性的思想即他人与我同类，有着同样的欲望和需求，因此要由己心推知人心，设身处地为他人着想。通过“忠恕”而达到“仁”，表现了仁所具有人与人之间的同情心。

“忠恕”之道作为一种普遍精神为后世儒家所继承，并加进了自己新的理解。如朱熹说：“恕是推那爱底，……若不是恕去推，那爱也不能及物，也不能亲亲仁民爱物，只是自爱而已。”（《朱子语类》卷 95）要以“恕”达到爱，这样才能使爱超于个人的局限，扩及他人、他物，而不仅仅是自爱。朱熹又说：“如富贵康宁，人之所欲；死亡贫苦，人之所恶。所欲者必以同于人，所恶者不以加于人。”（《朱子语类》卷 4）应该说，到了朱熹，把“忠恕”之道更加具体化了。

孔子的“忠恕之道”是要以“仁者爱人”这一道德观念为基础建立起一种能够在心理上相互沟通、思想上能够相互理解和体谅的协调和谐的人际关系。

对于如何“成仁”的道德理想，孔子根据对春秋末期社会问题的认识，提出了“克己复礼为仁”。“克己复礼”将“孝悌为仁”家庭道德提升为政治层面中普遍的人类。孔子认为要做到真正回归礼，就必须自己克服自身的私欲。只有这样做到了，才能成为“仁”人。在这个意义上，孔子提出了“克己复礼为仁”的观点。

有一次颜渊向孔子请教怎样实践“仁”，孔子说：“克己复礼为仁。一日克己复礼，天下归仁焉。为仁由己，而由人乎哉。”意思是说，人们要自觉抑制个人的欲望，让说话做事符合“礼”的要求，如果坚持这样做，这能实现“仁”。孔子强调的是，践行“仁”要靠自身的内在努力，而不是外在的约束。

这里说的“克己复礼”，主要包括两个方面的意思。一方面指每个人的言行要按照“礼”，也就是社会的道德伦理规范为依据；另一方面指的是实践“仁”主体只能是个人的自我约束，即“为仁由己”。

过去有些人将“克己复礼”片面理解为孔子只是恢复周礼，实际上不是孔子的原意。孔子说的“礼”，因场合不同而有所区别，有时指西周的等级制度，有时指君子应当遵守的伦理道德规范。这里的“礼”就是后者意义上的。

从道德意义上说，孔子讲的“仁者爱人”和“克己复礼为仁”有着深刻的统一性。道德的根本是“爱人”，但如果不“克己”，爱己之心就会膨胀，就不可能真正做到“爱人”；如果每个人都能自觉“克己”，就会限制自爱自利之心，增加对他人的亲爱，“爱人”就在其中了。

“克己复礼为仁”事实上超越了当时社会宗法血缘关系，孔子将这种利他行为拓展到周边群体、国家、民族，甚至是全人类。“礼”严格约束自身，在实践中处处以礼为原则来规范，这样个人仁德就会得到提升。

从这个逻辑出发，我们可以看到，原来一些人认为儒家学说注重群体而不注重个人的观点是不正确的。因为在孔子看来，仁德的修养完全靠自己的自觉努力，就需要发挥个体主动性，“仁”的实践是道德主体的自我选择。有了这种自觉，在此基础上努力提高道德境界，也就是说，追求理想境界和个体主动性的发挥是统一的。

人们一旦对追求仁有了欲望，仁德就离我们并不遥远了。“仁”属于我们内在生命之中，只要认真实践它，“仁”就能够实现。这种修养“仁”的功夫，对内则依靠“克己”，对外则借助“复礼”，在“内”与“外”统一的前提下就可以实现道德主体自身的不断超越。

“君子求诸己，小人求诸人。”（《论语·卫灵公》）君子和小人的区别是如何对待自己和他人的问题，即孔子要求君子要对待自己严格，对待别人宽容。也就是他所强调的：“躬自厚而薄责于人”（《论语·卫灵公》），凡事都要要求自己，不能只要求别人。

孔子认为“克己”是“复礼”“成仁”的重要条件；反过来，“礼”“仁”也是

“克己”的标准和内在规定性。在孔子看来，“克己”和“复礼”的充分融合才能使个人成为一个“知礼”“好礼”的君子。这种“为仁由己”“克己复礼”的成仁之道就是一种以自己自觉为前提的内在修养模式。

## 二、“孝”：孔子慈善思想的体现

儒家所讲的“仁”，是一种充满感情的人与人之间的相互亲善之心。这种感恩亲善之情最初来源于血缘亲情，这是一种最本源、最真切的情感，这种由生命情感而形成的对父母亲情，孔子称为“孝”。

什么是“孝”呢？“子游问孝。子曰：‘今之孝者，是谓能养。至于犬马，皆能有养；不敬，何以别乎？’”按照一般人的理解，所谓的“孝”主要就是赡养父母方面的问题，也就是经济上让父母生活好点。孔子却不认同这种看法，尽管饲养狗马和赡养父母都是养，但对父母所尽的孝道不单单是养的问题，更为重要的是对父母的尊敬。若是对父母尽孝却做不到尊敬，只是单纯的物质上的赡养，与饲养狗马又有什么区别呢？

因此，“孝”的重点不在于表层，更为重要的是子女从内心出发，让父母精神上感到愉悦，使他们心情开心快乐，才是真正做到了“孝”。在另外一处，孔子也强调了爱的重要性。

当子夏问孔子什么是“孝”呢？孔子说：“色难。有事弟子服其劳，有酒食先生馔，曾是以为孝乎？”（《论语·为政》）孔子认为只是让父母吃饭喝酒不能算是真正的孝，还要保持一种敬爱和悦的容态。“孝子之有深爱者，必有和气。有和气者，必有愉色。有愉色者，必有婉容。”（《礼记·祭义》）按照这个逻辑，孝子因为对自己的亲人有深切的亲爱之心，自然会产生和气的感觉，由和气出发就会表现出愉悦的神色，当神色愉悦的时候就会有一种婉顺的行为。这就说只有人们内在真正地存在一种对亲人尊敬的亲爱感情，就不会出现色难的问题。只有真实的情感流露出来的时候人们才能真正地做到和颜悦色，这样才是真的做到了尊亲、孝敬。与之相反，若是内心没有一种真正的尊亲敬爱之情，就很难表现出一种自然的和悦神色，也就不可能真的做到“孝”。

“孟武伯问孝。子曰：‘父母唯其疾之忧。’”（《论语·为政》）作为一个真正的孝子，只有做到让父母只替自己的疾病发愁。进一步说，就是不要让父母担心自己做一些其他不义的事情。不让父母为自己的行为担心就是孝子回报父母的爱亲之心，也就是做到了“孝”。孔子在上述“孝”的观点上进一步推衍说：“弟子入则孝，出则悌，谨而信，泛爱众，而亲仁。”（《论语·学而》）孔子的意思是说，一个人在父母面前做到了孝敬父母，当离开家在外时，就可以做到敬爱兄长及朋友，平时少说话就会做到诚信于仁，然后进一步关爱万物，就可以成为一个有“仁德”的人。

孔子的慈善观是建立在“孝”的基础之上的，他认为一个人首先应该爱自己的父母。这与儒家对人的生命的认识有关，儒家认为，是父母给予了我们生命，理所当然，与我们最亲近的人是自己的父母。对父母的爱则是一种“孝”的表现。当然，这种“孝”可以扩大到与自己有血缘关系的长辈那里。对于同辈有血缘关系的兄长的爱则被称为“悌”。“孝悌”体现出的是在血缘家庭里面关系的仁爱观念。儒家认为，血缘亲情之爱是人类所有情感中最为根本的一种仁爱。孩子爱自己的父母、弟弟妹妹爱他们的哥哥姐姐，从血缘关系中衍生出来这种情感是天然的，从这种“仁爱”之中，慢慢培养一个人的普遍之爱，也就是说，儒家认同从家庭血缘亲情中逐渐引申出社会的普遍之爱，即“君子务本，本立而道生。孝弟也者，其为仁之本与！”（《论语·学而》）

孔子认为，若是一个人能做到孝敬父母，友爱兄弟姐妹，爱护幼小，那么他们也会对你表达出自己的爱。有若曾指出，一个能够孝敬祖宗长辈、尊敬兄长的人，一般不会喜欢对自己的上级进行冒犯，一个不喜欢冒犯自己上级的人就更不会去作乱而危害社会了。所以说做到对父母的“孝”，就会做到对君主的“忠”。因此，“仁”最基本的就是要求人们首先要做到“孝悌”。在爱自己的亲人基础上才能进一步扩展爱护其他人，这一逻辑符合人性本身。

这样，孔子将“孝”与“仁”紧密地联系起来，“孝”是“仁”的基础，孝植根于人的心中，可以培养人们的责任意识和使命感。但“孝”和“仁”的内涵并不相同，“仁”比“孝”具有更为广泛的内涵，它使人们具备“孝”的感情后，按照这种情感去处理自己与周围人，甚至与周围世界的关系，使“仁爱万物”的感情逐渐层层外延。

人们过于关注“仁者，人也，亲亲为大”（《礼记·中庸》）。孔子的确比较重视，做到“仁”应该首先热爱自己的亲人。但我们必须强调的是，孔子的“爱人”并没有局限于“亲亲”范围，“爱人”的范围超出了血缘家庭，在当时等级社会中，表现出人本主义的思想。孔子把人们生命中的自然亲情之爱升华为人类的普遍之爱，不但针对当时的社会现实具有超越性，更为后来历代的慈善观念的展开提供了坚实的思想基础。

当然，我们还要看到孔子慈善观念的另外一个特点，孔子讲："弟子入则孝，出则悌，谨而信，泛爱众，而亲仁。"（《论语·学而》）这是一种由近及远、推己及人的差等之爱，也就是说，尽管他将"亲亲之爱"扩大到了"众"，并不是没有层次和区别的。

孔子所说的"泛爱众"，这里的"爱众"是相对于"爱亲"而言的，"众"的范围是除了自己的父母兄弟姐妹等家庭成员之外的人。"爱亲"是宗法关系的范围之内。从伦理学角度，也是不同层次的问题。父子和兄弟间的关系是"爱亲"范畴，社会成员间的普遍关系是"爱众"范畴。

从人的一般情感原则出发，"爱人"最初都是对自己的父母兄弟所产生的。因此，孔子特别重视"孝悌"观念，这也是"仁"的内在要求。"爱人"的首要表现是"爱亲"，"爱亲"的表现是"孝悌"，它可以培养"爱人"的情感基础。"爱人"不像"爱亲"那样可以有一些具体的规定，更多是一种价值观念，它表现出孔子慈善观的超越性。

我们在谈到孔子慈善观的伟大之处时，不可否认，孔子的慈善思想具有其历史性，那种以西方近代慈善观要求孔子的人，显然不了解中国宗法社会的实际情形，这种有远近、差等之分的慈善是符合中国历史发展趋向的，甚至符合中国人的性格特征，即对不同关系的人在爱的方式和程度上会有所差别，这种在差等原则前提下将爱推及全社会的慈善观念，直到今天，仍值得我们学习和反思。

（来源：《儒家文化慈善思想研究》，中国社会出版社）

# 环球慈善

慈悲不是出于勉强，它像甘霖一样从天上降下尘世；它有双重福佑，它赐福于施与者，也赐福于受施者。

——［英国］莎士比亚

# 西方公益慈善 发展新趋势

白东飞 著　付　涛 译

引言

对于像中国这样的发展中国家的慈善部门而言，与西方国家的经历相似，很多近期的挑战和机遇都是慈善部门的发展，包括技术和经济上的发展变化所致。

## 经济兴衰和新技术成长对公益慈善的影响

过去 10 年，作为公益慈善事业发展最为成熟的地区，西方的公益慈善领域斗转星移，瞬息千里。尽管必须认识到，对西方发展经验的生搬硬套会出现“橘生于淮北则为枳”的问题，但对于仍然处于发展初期的世界上其他地区的公益部门而言，西方的发展仍然有值得借鉴的地方。

仅仅对近现代历史简单一瞥，就能发现有两大因素——全球经济的勃兴和新技术的快速成长，对公益慈善事业的最新发展趋势影响深远。首先，过去数十年的经济增长使全球数百万人脱贫，与此同时，也使极富群体与普通人之间产生了巨大的鸿沟。与过去相比，富人的数量虽然有所增加，但现在世界上近一半的财富被仅 1% 的人所占有。2008 年以来，许多西方经济体增长缓慢，国内矛盾加剧，也导致政府大幅削减公共福利供给以及海外援助。

全球经济衰退既给西方公益慈善组织带来挑战，也带来了机遇。公益组织必须比以往更为努力，去筹集资金，引入创新手法吸引更多慈善资源并用更为有效的方式去管理，与资助方建立更为紧密的联系。由于手中掌握的善款缩水，资助方也希望看到捐出去的资金产生更大的影响力。对政府而言，削减开支的压力也为公益部门在应对国内外问题的发展方面创造了机遇。人们对此评价不一，有人认为这将产生积极的变化，也有人觉得这是一个负面的影响，认为公益组织的角色在于与政府携手并进，共同面对国内外的问题，而非独自填补政府遗留下来的空白。与西方世界发生的变化相对应，一些南方国家的经济持续增长，政府和企业均财力大增，在这些财富聚集的新区域，慈善部门得到发展并日渐成熟。这不仅使西方的公益组织有了新的合作伙伴，同时还需要就是否继续向这些日渐富庶的地区投放资金作出新的资助决策。

另一个影响巨大的因素是新技术的快速发展和传播，个人和机构在全球互联互通已属易事。相比以往，遥远地方的社会议题和发生的灾情已能环球同此凉热。资助者因而有了多种新的捐赠方式。当然，与此同时也产生了相当大的挑战，如如何有效地将新的技术手段、既有实践及公益组织自身的支持方结合起来。同样，“大数据”时代的来临，也使人们能够更为深入地洞悉问题并寻求解决方案。分析技术为公益组织提供了新的有力工具，去应对全球的快速发展和经济的起伏变化带来的挑战。新技术的发展也为成熟组织带来新的挑战，如果能成功地驾驭“大数据”，可能在未来对公益组织赢得社会支持产生巨大的推动作用。

在上述新经济增长和强大的技术发展的背景下，不同国家的公益部门之间进行跨境交流，分享观点和实践的兴趣愈加浓厚。无疑，这种交流最主要的方向，是从更为成熟的西方公益部门向其他国家正在兴起的公益部门传播经验。

有几个要点值得在此予以强调。首先，当人们谈论“向西方学习”的时候，常常是指学习美国经验。然而，美国特定的历史和文化因素为其充满活力和强大的慈善部门的形成创造了条件。而且，那些新兴的慈善部门中的公益人士，如果期望照搬、移植其他国家成熟的慈善部门的实践，其中必然潜伏着风险。这些想法忽略了不同国家文化、政治和历史因素的巨大差别。这些差别意味着，慈善在不同的背景下有着非常不同的运作方式，在不久的将来也是如此。

举个简单的例子，英美两国通常被认为在政治、文化和历史方面非常接近，如果我们对英美两国慈善事业的历史发展进行比较，仍然能够列举出两国之间在这方面的一些差异：第一，尽管语言相同，两国对于 Giving（捐赠）相关的词语在语义上却有很不同的理解（例如在英国，人们对 Philanthropy 一词的理解就有很多负面含义）。第二，基于不同的政治立场，美国人普遍比英国人更认为非政府组织应该在公共福利的提供方面发挥更大的作用（许多欧洲国家的人也和英国人持有类似的观点，这意味着当中国慈善的创新推动者向美国学习经验时，他们有时候会被认为是找错了地方）。第三，宗教在美国的慈善捐赠中有着重要作用，而在英国，宗教对公益慈善或者人们的生活发展的影响已经式微。此外，就两国的公益慈善部门而言，围绕对待财富的态度、捐赠人的角色以及税制等方面也存在许多差异[①]。

下面我将对“西方”慈善近期的几个发展趋势进行归纳。它们相互关联，都不能在中国简单“复制”，而是应该加以“转换”以适应本土背景。

## 技术发展和在线捐赠的兴起

在经济衰退带来众多新挑战的同时，复杂的社交媒体快速发展和传播，功能强大的软件和个人设备成为机构和个人能够运用的强大的新技术工具。在美国，2013年在线捐赠增长了13.5%，占当年捐赠总额的6.4%[②]。皮尤研究中心的“互联网和美国人生活研究项目”发现，20%的美国成年人参加过在线捐赠，其中9%是通过手机进行捐赠。移动捐赠的首次爆发始于2010年发生的海地地震，人们通过手机短信捐赠了大约4300万美元[③]。新媒体促成了新的人际关系形成，个人现在能够很方便地找到新的组织和感兴趣的公益活动，以前在扩及目标群体方面缺乏有效手段的组织，现在也有了与目标群体直接沟通的管道。新技术还能加强已有的联系，社交媒体最为主要的特征是双向沟通，年轻的成年人特别擅长与新技术相融合。调查显示，有近50%参加调查的新千年一代（注：指1981年后出生的人，到千年期结束时达到成年）与1~5家非营利组织保持着在线联系，超过65%的人加入了1~5家非营利组织的邮件列表[④]。

因可及性的加强，网络上的互联互通带来的高参与性（如评论、转发和“点赞”）被成倍放大。通过移动互联网的使用，个人能够在家、在单位甚至在移动过程中参与公益组织的活动。社交媒体平台的运用效率日渐提升，使组织、公益活

① 在英国的语境中，Philanthropy常常意指维多利亚时代盛行的“贵族慈善”，与精英化、居高临下、道德判断和低效过时的慈善行为联系在一起。而Charity则意指现代的、施与受平等关系和令人尊敬的公益慈善行为。这两个词在语义上的差异，正好从一个侧面反映了由于历史和体制原因，英美两国在公益慈善的理念方面存在的不同。

② Blackbaud. 慈善捐赠报告［EB/OL］. www.blackbaud.com/files/resources/downloads/2014/2013.CharitableGivingReport.pdf，2014.

③ 皮尤研究项目.实时慈善捐赠［EB/OL］. www.pewinternet.org/2012/01/12/real-time-charitable-giving/，2012.

④ 千年影响研究项目［EB/OL］. www.themillennialimpact.com.

动和已经参与其中的个人之间的对话交流得以加强。改善的信息流动提升了公益的意识和行动能力，使公益组织能够优化调整所提供的服务。社交媒体提供的横向联系也促进了组织与慈善事业之间的（信息）“流动”。新技术还使组织得以发挥全面展示捐赠“影响”的潜力，告诉捐赠人和潜在的资助者，他们能够有效地使用筹集到的资金。身处更为竞争性的经济环境下，不能利用这些技术优势的组织将陷入新的不利境地。

这自然也给公益组织带来了问题。首先，公益组织过去一直依赖面对面的沟通方式，在大众媒体上打广告，或通过邮政信件服务与社会发生关联和互动。新媒体作为新的可资利用的资源，给公益组织带来了一个过渡性的问题：它们不得不对已有的技术和操作程序进行调整，以适应互联网带来的巨大变化。其次，过度强调新媒体的运用也有风险，可能会削弱组织与不善使用新技术的人群的联系。这些人群包括年长的一代，他们构成了传统慈善的核心支持群体（他们相比以往各代寿命更长），以及各类困难群体中的很多人，他们是公益慈善事业致力于帮助的目标人群。最后，相比大型成熟机构，那些规模较小、新近成立或者更有活力的组织更善于利用新的传播技术。它们能够用技术，比如通过降低组织成本、扩展沟通能力来弥补资源方面的短缺问题。这给大型成熟的基金会带来压力。

新技术还使捐赠的创新手法层出不穷，P2P（个人对个人）筹资是其中一种。P2P 筹资强调以组织或慈善事业的支持者为纽带，来从其他渠道获取资金。这种做法建立在假设人们更可能通过亲朋好友的圈子去捐赠资金，而非对一家组织发起的筹款需求予以回应的基础之上。P2P 筹资通过专门软件，给慈善事业的支持者提供平台，从而有效地提升公众意识，而捐赠人能够无成本地捐出善款（如 www.causevox.com）。这种方法能够大大扩展公益组织的捐赠人网络，所需花费的筹款成本也非常低。与此类似，慈善领域还兴起了“众筹”这种筹款方式。通过像 www.microgiving.com 这样的网站，既能提高个人对某个公益议题的认识，募捐对象也不只限于通过亲朋好友（如 P2P），同样扩及陌生人群。移动技术的迅速发展还为组织提供了另一条连通个人的通道。手机软件（APP）如“Instead”（通过改变个人的日常生活习惯捐赠节省下来的小额资金）和“JustGive”（自选一项慈善活动直接捐款），都更加强化了组织和个人之间的连接。

新技术还大大加强了小额捐赠这种筹款方法。小额捐赠是一种一直存在的捐赠小额资金的做法，比如，在商店柜台边放置捐款箱，购物者可以把零钱投进去。通过越来越强大的软件，小额捐赠已经和现在非常流行的网上购物结合起来——在网上付款环节提供一个捐赠选项。一些慈善组织开始用这种方式筹集善款，一个典型的例子是成立于2010年的英国“便士基金会”（Pennies Foundation），它和许多大型商场、酒店和餐馆合作，通过“取整付款”的选项来筹集善款[①]。便士基金会利用线上、线下、手机终端等渠道，迄今为止已获得900多万人次的个人捐赠，为100多个公益组织筹集到200多万英镑的善款。

“冰桶挑战”是另一个众所周知的通过技术实现的筹款活动，在中国也风靡一时。“冰桶挑战”流行于2014年，其做法是参加活动的个人将一桶冰水从头浇下，同时承诺捐款并点名要求其他人参加。最为关键的是，整个行动的过程被拍摄为视频并在社交网络上广为传播。

“冰桶挑战”为美国ALS协会筹得大额资金。ALS协会的宗旨是为肌肉萎缩性侧索硬化症患者（通称“渐冻人”）提供帮助，其他国家的同类组织也通过这项活动筹集到了资金。但“冰桶挑战”也受到了不少批评。实际上，此项活动的参与者中真正捐款的比例有点低，清楚地表明了大部分参加者只是在“冰桶挑战”中投入时间、精力和金钱，并在社交活动中露面，而非真正关注渐冻人这个议题本身[②]。在视频中，很多人未能提到活动要致力于解决的问题，以及如何去捐赠。很多批评者认为，这不过是参与者的自我陶醉，不只让他们（尤其是社会名流）得以展示自己的利他精神，也给了他们炫耀个人的社会关系甚至身材的机会。另一种比较普遍的批评意见认为，“冰桶挑战”还助长了“懒汉行动主义”（Slacktivism）[③]，也挤压了其他公益议题的筹资。“冰桶挑战”毫无疑问是筹款和公众教育的成功方法，却与关注指标和结果的有效捐赠的积极趋势逆流而动。它不关注结果如何，而是聚焦于投入并盲目捐赠，不去追问善款的去处和最有效用法。

---

① 例如，一位顾客花费10.59英镑，他可以选择支付整数额（如11英镑），从而捐出0.41英镑即41便士给零售商选择合作的公益项目。详情见 www.pennies.org.uk/。

② Baton，C. 冰桶挑战：6个英国人中就有1人参加，但捐款者仅占1%，独立报［EB/OL］. www.independent.co.uk/news/uk/home-news/ice-bucket-challenge-one-in-six-britons-took-part--but-only-10-donated-9729991.html，2014。

③ 懒汉行动主义一词，用来描述某些个人只是在网上点击、粘贴某个议题的资料以表示关注，但并不能真正对该议题产生积极影响。

## 新慈善家

过去数年内，人们开始谈论“新慈善家”的出现。新慈善家常常具有某些共同的特征。它通常指的是一个人口学意义上的特殊人群：生于20世纪八九十年代的“新千年一代”。根据联合研究项目——“千年影响项目”的成果，参与非营利工作是这一代年轻的成年人的重要表现。2013年，有87%的调查参与者曾向非营利组织捐款，在就业选择中考虑企业社会责任的年轻人的比例也很高。这对公益慈善部门有以下若干影响。

首先，由于他们和新的传播工具之间更为融通的关系，公益组织通过邮局寄出信件，或通过电视广告面向这个人群筹款的效果要大打折扣。对这些伴随着大数据和新技术成长起来的年青一代而言，衡量影响力可能会变得更为重要。其次，相比上一代人，新的这一代捐赠人对不同的公益议题有着不同的兴趣和参与方式。有几个因素可能对此产生影响：一个因素是新媒体对这代人有着全面深入的影响，年轻人现在有着比以往更强的参与社会事业的意识，也更看重帮助困难群体的方式；另一个因素是随着全球经济衰退，人们对营利部门产生了幻灭和怀疑。巨富阶层失掉了他们的光环，贫富两个阶层都日益意识到财富占有上的巨大悬殊（如全球“占领”运动所针对的）。金融危机的冲击之后，企业和个人都在重新评价他们的当务之急。为在2008年的金融危机后应对激烈的市场竞争，企业社会责任也日益成为市场的重要组成部分。

“新慈善家”还关注在现世进行捐赠。过去很多人都是在离世之际才将自己的财产捐赠出去，现在越来越多的人选择现世行善。这方面最为著名的例子是“捐赠誓言”活动。2010年，沃伦·巴菲特和比尔·盖茨承诺捐出一半的个人财富，迄今为止已有100多位亿万富翁签名加入。很多依靠新技术创富的富裕慈善家群体也是如此。另一个众所周知的例子是脸书（Facebook）创办人马克·扎克伯格，他创下2013年全美捐赠的最高纪录。还有一些并非巨富的个人，现在也开始在生前选择将钱捐给亲朋好友以及慈善事业，而不是在通过订立遗嘱的形式来散财。与此同时，“现世散财”也和另一个趋势相关联：“参与所捐赠的事业”。捐赠者无论贫富，越来越有兴趣介入慈善资金的分配，去了解其“投资”的效果，并亲身参与决定公益活动的方向和管理。他们很清楚自己是在“通过”一家组织去捐赠，而非将资金“捐赠给”一家组织。这与上述讨论的“冰桶挑战”中的“盲目捐赠”

行为形成对比，是慈善领域的进步。当然，这种趋势也有着负面的问题，例如公益项目“主导权”的问题，本文将在结尾部分予以阐述。

## 携手捐赠：捐赠圈与联合影响力

公益领域的另一个发展是，组织或者个人联合能够促进更大的影响力已渐成共识。正如洛克菲勒慈善咨询机构总裁梅丽莎·波曼所指出的：“人们开始意识到，他们想参与到解决庞大而复杂的问题中去，单枪匹马是做不来的。他们需要和其他的慈善家、其他的私人部门和公共部门合作。”[①]这一趋势的一个表现是“捐赠圈”（Giving Circles）的兴起，一些个人共同将资金投入一个资金池内，集体决定资金的流向。“捐赠圈”的资金分配通常由投票来决定，其规模大小不等，参加者的收入层次也各不相同。根据一项研究，“捐赠圈”能够让捐赠人和公益事业/项目联系更加紧密，并增加捐赠的数量和频率。

还有一个与此相关的概念是“联合影响力”（Collective Impact），这一概念认为不同背景的行动者联合将资源投向共同的目标，能够极大地增强影响力，与过去个别慈善家单打独斗解决社会问题的方式形成对比。“联合影响力”特别适合需要多个行动者共同去应对复杂的社会问题的情况。当然，要保证“联合影响力”真正落到实处，还有很多组织层面，特别是协调方面的问题需要克服。咨询公司FSG将成功实现联合影响力的条件归纳为5点：共同的议程、共享的衡量标准、共同强化的行动、持续的沟通以及核心支持[②]。

与“捐赠圈”和“联合影响力”的理念类似，“同伴学习”，即由经验丰富的慈善家系统指导，通过执行慈善项目将经验传递给入行的新手，这种做法也开始变得普遍起来。这不仅是一个学习的过程，也是促进网络合作，加强成熟慈善家与慈善新手之间联系的桥梁，后者可能缺乏经验，但也可能富有创新意识并充满活力。

---

① 陈一梅，谢世宏．站在全球慈善的前沿：梅丽莎·波曼访谈［J］．中国发展简报，2014年。

② http://www.fsg.org/OurApproach/WhatIsCollectiveImpact.aspx.

## 慈善教育：教人们行善之道

延续“同伴学习”的做法，西方慈善部门越来越看重“慈善教育”的重要性，着重于培育新一代慈善家的成长，认识到行善的态度以及睿智而有效的慈善实践是可以习得的。一个成功例子是“曾经基金会”（Once Upon A Time Foundation）把10万美元托付给宾夕法尼亚大学一个班的学生去做资助。这家基金会同时还对其他大学提供了类似的资助。

学生们在基金会的指导下将资金拨付给他们选择的地方性慈善项目，以此学习公益慈善项目的管理流程，比如如何作出资助决定、确保问责并衡量影响力。其他慈善教育的例子还包括沃伦·巴菲特的妻子多丽丝·巴菲特在2003年成立的“捐赠中学基金会”（Learning by Giving Foundation），也把资助金交给大学本科生，教他们如何开展资助。洛克菲勒慈善咨询机构近来也发布了《慈善指南》系列，该项目由盖茨基金会资助，致力于为年轻的慈善家提供学习“工具”，帮助他们更系统有效地开展慈善活动。《慈善指南》系列免费发放，内容包括确定目标、资助和评估影响力等主题的案例和信息。一些慈善研究或者其他相关课程也开始出现（如斯坦福大学的战略慈善，或者商学院教授的“公司捐赠”）。2012年，印第安纳大学慈善学院围绕慈善议题开设了本科和研究生系列课程。

## 公益领域的新成员

技术发展让世界变小，新的慈善成员也在不同的地域和人群中出现。2000年，超过80个国家的人均GDP增长率翻倍。从今天到2030年，全球中产阶级的人数预计将增长165%，其中大部分增长将发生在发展中国家[①]。这将为已有的慈善行动者创造新的慈善合作机制，也为利用当地资源和专长开展慈善活动带来新的机遇。

当新成员加入现有的慈善项目的同时，也带来了新的挑战。发达国家的慈善部门开始重新评估慈善资金的投入方向，各地的情况各有不同。例如印度在南方国家中的慈善捐赠最多，2012年捐赠了50亿~60亿美元，相当于GDP的

① OECD. 2012年全球发展思考：变动世界中的社会团结［EB/OL］. www.oecd.org/site/devpgd2012/49067800.pdf，July 12，2013.

0.3%~0.4%[①]。近年来，印度在公益慈善方面发生了积极变化，2013 年立法要求公司公布其 CSR 活动预算，大公司还必须将净利润的 2% 用于 CSR 活动。

然而，尽管这些国家的国内捐赠在增加，国际捐赠却并未与此同步，全球大多数跨境慈善都是通过企业运作来进行的。另一个南方国家巴西的情况类似于印度，与国内相对成熟的慈善捐赠相比，其海外捐赠要少很多。俄罗斯的慈善部门受到更多限制，国内捐赠的增长非常有限，海外捐赠更不值一提。因此，大多数慈善领域的新成员目前更多只是在国内慈善领域一展身手，尽管，预期这种情况会在未来得到改观。这些发展中国家中，有很多现在仍在接受日渐减少的西方海外发展援助。如何成功地将日渐减少的国际发展援助和这些国家的国内慈善部门的发展乃至其国际化进程结合起来，是所有新的南方国家慈善部门需要面对的挑战。

## 路漫漫其修远兮

尽管上文已描述了这么多积极的趋势，西方公益慈善部门仍然面临很多挑战。现列举如下：首先，令人遗憾的是，和其他部门一样，妇女在慈善组织中担任领导角色的仍然不多，这在很大程度上制约了慈善事业的范围和影响。

其次，随着上文提到的现世捐赠的趋势，“全知全能”型资助者的增加也成为一个问题。过去的亿万富翁进行遗产捐赠的做法，意味着他们个人往往不介入自己的财富分配。现在，越来越多的亿万富翁还很年轻，他们专注于在生前将大量的财富捐出去。对自己辛苦挣得（或者轻易得来）的钱进行面面俱到的管理，显而易见对他们充满诱惑力，但也蕴藏着风险。

这并非最近才出现的趋势。另一个类似的老问题也在近年来变得更为明显，这就是通过慈善将财富转化为政治权力。这些拥有巨额资金的基金会，尤其是美国的一些基金会，正在主导教育等议程的设置，并控制支撑公民生活的各种公共机构。

更甚于此，很多基金会有着很强的政治倾向，它们用资金来支持智库，潜移默化地对公共生活产生重大影响。这一方面对很多人而言是好事情；另一方面也会使不同的声音表达失去平衡。透明度对慈善部门而言也一直是个重大问题。将

① ArpanSheth. 印度慈善报告（2012）[EB/OL]. http://www.bain.com/Images/REPORT_India_Philanthropy_Report_2012.pdf, 2012.

资助活动的信息公之于众也取得了很大进步。很多基金会还通过技术创新，极大地使其他部门的透明度得到规范。当然，这方面仍然有很多值得改进的地方。

最后，衡量影响力仍然困难重重。从积极的角度而言，衡量影响力在近年来变得越来越重要，不只是因为有效慈善在竞争日渐加剧的市场上变得更为重要，而且也是因为人们通过运用新技术变得更有能力。不同的资助者用不同的条件来定义慈善项目的成功，但都越来越看重对影响力的衡量。通过指标来量化慈善活动的进展，通过策略来自发调整项目活动，被认为是任何（成功的）捐赠计划的重要组成部分。

然而，对影响力的衡量也会带来新的问题，因为总是有一些活动比其他活动更容易测量。对公益活动进行量化的成本也不可小觑，特别是在采用新的测量方案时，还有可能成本大过收益。随着资助者认识到，他们不可能将旨在实现社会目标的项目的多重因子都纳入测量，相关的方案常常在经过尝试后被放弃。尽管对结果进行测量是一个崇高的目标，但迄今为止在很多案例中，仍都有着难以实现的困难。

简言之，过去数年对西方慈善部门的发展而言，既激动人心也充满挑战。世界变化的步调日益加速，给充满活力的组织带来很多新机，同时，也让缺乏灵活变通的组织措手不及。对看重机会和变化的组织和个人而言，这意味着进入了一个新的慈善“黄金时代”。对其他组织和个人而言，他们则感叹失去了传统的公益伙伴，过去的公益实践也日渐褪色，他们特别对公益领域的市场化趋势忧心忡忡：这意味着慈善领域失去了自己的“灵魂”。对于像中国这样的发展中国家的慈善部门而言，与西方国家的经历相似，很多近期的挑战和机遇都是慈善部门的发展，包括技术和经济上的发展变化所致。对西方经验和方法进行借鉴交流、谨慎选择，敏锐地借鉴和运用，会助益发展中国家新生的慈善部门迈向“黄金时代”。

（来源：《中国发展简报》）

# 台湾慈济基金会
## 为何如此成功

刘选国

### 引言

“慈悲喜舍”这四个字，分开而言：慈喜是予乐，是教富；而悲舍是拔苦，是济贫，“喜舍得欢喜”，让拥有财富的人学习付出，参与扶贫济困、因帮助别人而快乐，找到生命的价值；“济贫教富”，则是通过救济帮助，让贫困者感受社会的温暖，走出心里的雾霾，也培养其乐于助人的品德。

以戒为制度，以爱为管理。

一

2015 年 11 月 26 日，中国公益研究院台湾社区营造与公益组织考察团一行，乘火车从台中抵达著名慈善机构佛教慈济基金会（以下简称慈济）的总部所在地——花莲。

在高耸葱绿的中央山脉的东麓，在精致的花莲小城的西郊，我们先后参观拜访了慈济大学、静思堂、静思精舍、慈济花莲医院，27 日返回台北又参观访问了慈济人文志业中心。因参加考察的 EMP 四期赖国香同学是慈济委员，经他联系我们所到之处都受到礼遇和热情接待，虽然是走马观花，但对慈济公益的整体轮廓有了初步认识，我们一路感动、震撼和受教益，为慈济的全球慈善业绩而折服，为台湾能孕育这么一个伟大的华人慈善机构而自豪。

慈济无疑是当今最具有国际影响力的华人慈善组织之一，据其网站和宣传册最新数据：目前已在世界 52 个国家和地区有分支机构，有 500 多个据点，其援助的国家或地区超过 92 个；在台湾有 6 所慈济医院，有慈济骨髓干细胞中心，有慈济大学、技术学院、两所高级中学（含初中），7 所幼儿园，有大爱电视台、大爱网络电台、出版社及慈济月刊、经典杂志，静思书轩在全球有 110 家连锁店，还有用回收塑料瓶生产系列制品的大爱感恩科技公司。查询慈济 2014 年的财务报告，年捐赠收入达到 76 亿新台币，年度支出 62 亿新台币，年出动志工 2967 万人次，共有 5381 万人次受益，有 22 个国家或地区受益。

“慈悲为怀，济世救人”这是慈济基金会的名称释义，它们的确在全世界履行了这一使命。自从 2013 年我在美国与纽约慈济分支机构有过一次分享、了解了其在全球开展的慈善事业后，我一直对慈济的成功非常好奇。此次访台我特别希望能探究到慈济的影响力源泉，与接待我们的法师、志工、工作人员作了认真交流，回京后又阅读了证严法师所写的两本书：《静思语》《有礼达理——人文素养的涵养》。还读了赵贤明所写《台湾最美的人：证严法师与慈济人》；上慈济的官网，看了一些证严法师的视频，听了她的晨课录音，查询了慈济年报。但对于这么一个已有 50 年历史、网络体系遍布全球、文化深厚的慈善巨人来说，短短两天考察和这些研究还是难以把握其整体文化的丰富性。但我特别希望能从慈济的发展找到对大陆公益组织发展的借鉴，因此，不惮盲人摸象的风险，将我的观察体悟写出来，供大陆同行们分享，也期待慈济同人们批评指正。

## 二

慈济基金会的创办人证严法师善于审时度势，发现社会痛点问题，并及时提出解决这些问题的方案，持之以恒地率先垂范，从而走出了一条佛教人间化、公益化的大路。

证严法师奉行印顺法师的“为佛教，为众生”的人间佛教理念，并将其作为“静思法派”最重要的传承理念。在 2014 年慈济年报的刊首证严法师说了一段话：“这些年来，每当遭遇人、事、物的困难，我总会想到‘为佛教，为众生’六个字。这是我立下的志愿，也是做慈济最初的一念心，推动我不断向前；这辈子做不完，来生还要继续。迄今回顾，倘若当初未能把握住因缘，就不会有今日众多慈济人；也因恒持刹那，才能开创慈济道路，将志业推展到五十多个国家。”2012 年证严法师与中国社会科学网“台湾的中华传统文化”学术考察团的一番谈话，对其佛教思想作了更全面的诠释：“我们一直在提倡：人人能做好事，那人人就是菩萨。菩萨本来就是拯救众生，不忍众生苦难。众生有苦，菩萨就沿着苦难的众生出现。所以，一直感觉到，佛法应该要踏入人间，人间的疾苦，那就要有人间的人真正伸出双手，能拥抱抚慰，这就是佛法。”

正是借于佛教人间化的理念，证严法师正式出家后的第三年，就成立了“慈济功德会”，从最初带领几位家庭妇女开始的济贫问苦，到通过“一摊血迹”故事发现台东地区医疗的困乏，因而开启疾病救助体系的建设，进而从医院建设拓展到教育和人文志业，注重人的全面培养；从1990年看到台湾街区的垃圾，从而开启“垃圾变黄金，黄金变爱心”的环境保护，到1991年孟加拉水患、大陆华东地区水灾，开启超越国家、政治、宗教的国际灾害救援，将大爱洒遍世界，慈济50年的发展历程是证严法师不断发现社会需求，不断提出解决社会问题方案、推动社会发展的过程，因为不断有这样一些改良社会、发掘社会正能量主张的提出，使慈济成为凝聚人心、影响台湾乃至世界社会进步发展的一面旗帜，难怪台湾地区政治选举，哪一位候选人都要拜访证严法师。

印顺法师的“人间化”点化，让证严法师找到了佛教当代发展的正确方向。那么作为一个20多岁出家的弱女子王锦云，如何能成长为在台湾乃至世界数以千万人拥戴的证严上人？不断地学习自省和实践，还有慈悲喜舍的情怀，使其培育了先知卓见和超群的人格魅力，因此成就了这位魅力型的宗教领袖和慈善家。吴春波、于强的《宗教慈善团体人力资源管理模式分析：以台湾慈济基金会为例》一文分析得很有道理：“慈济从1962年一路走来，能够发展到今天如此之大的规模，证严法师在其中‘克里斯玛’式的领导作用是无可替代的。42年间，慈济基金会不但能确实掌握社会的脉动与需求，而且能在变动的社会中发挥超强的适应能力，进而带动社会改革。在这个过程中，证严法师每次总能发现社会前进的方向，确定明确的愿景，她会通过种种分享的方式，来激发慈济人建立共同愿景，从共同愿景下得到所需要的团队行动力，因而创造了高效能的慈济。今天的慈济人言必称上人，但是这并不是对于证严法师语言和行为的简单模仿，而是将证严法师提出的价值观和信仰内化，真正接受证严法师的态度和信仰。”

证严法师不仅仅是一个宗教布道者，更是一个关怀人生疾苦的行动者和慈善家，在提出有巨大社会影响力的公益愿景的同时，她能几十年如一日身体力行率先垂范。无论是最初出家开启救济旅程，到今天成为掌控数千亿元捐赠资产的基金会掌门人，证严法师一直坚持在救助一线。据介绍，她自从出家后，一直奉行“一日不做，一日不食”的原则，不接受供养，自食其力，早期通过自己种庄稼，销售自己制作的蜡烛、环保筷、鞋袜等产品来维持生存。1966年她创办“佛教克难慈济功德会”，亲自动手缝制婴儿鞋销售，组织30个信众每人每天节省5毛菜钱开始募集基金，为筹建医院她四处募捐，屡受挫折；即使到2016年，她已经是79岁高龄，作为慈济的理事长和执行长，日理万机，但她还是每天早晨3:40准时起床，4:20带着精舍师父做早课，7点通过卫星和全球慈济人作连线志工早课，指导各地的工作，据称几十年来从未间断过。她心脏不好，不能坐飞机出岛，但她每年坚持安排一定时间行脚，走访看望台湾各地的信众和环保站志工。正是由于她的身体力行，所以她的身后有如此多的追随者。从她每天开示讲演的内容看，虽然身居花莲，但她时刻关注全球资讯，洞悉世界的灾难，指导慈济在全球开展救助活动，2015年台湾新北市粉尘爆炸事故、叙利亚的难民救助、深圳泥石流掩埋事故，都有她的指令，灾难救助现场的细节、突出人物她都全然掌握。

证严法师还特别善于将一些公益行为进行精神的提炼和升华，从而使其具有强大感召力和永恒价值，如慈济大学开展的遗体捐献工作，将其升华为“无语良师”。我们在慈济大学参观时，听了校长王本荣教授的介绍和“无语良师”的宣传片，我们一行中的女生开始哗哗地流泪。慈济将人体捐献和解剖课变成充满人文精神的生命课堂，供学生上解剖课使用的遗体被学生们称为“大体老师”，也称为“无语良师”，他们通过庄严的仪式接回“大体老师”，学生要通过调查了解，为捐献者写生平传记，解剖前做庄严的法事，解剖完火化，医学院师生及家属要一起举行隆重礼仪，送“大体老师”骨灰入土安葬，其未化的骨质存于医学院的大舍堂供永久祭奠。在医学院参观看到，解剖教室的走廊贴满“大体老师”和其学生的名录表，还有生平照片及故事，一位“大体老师”遗言：“一般人生病到医院挨的那刀，为的是保住自己性命；而我身上所挨的每一刀，也许可以救活好多条人命！”一位出租车司机的遗言：“生前从来没有奢望当老师，生命最后时刻成就了我当老师的梦想。”就是这样的精神提炼和庄严的仪式，将遗体捐献作为人生最后一次也是最崇高的大舍和大爱，从而让生命虽止但奉献给社会的价值不已，学生们得到刻骨铭心的尊重生命教育。因此，在很多医学院很困难的遗体来源问题，给慈济捐献反而要排序争取，据称已经登记预订的有3万多名，也因此只有短短不到20年历史的慈济医学院能与世界一些知名医学院，包括数所大陆的知名大学建立合作关系。这一经验也特别值得内地人体和器官捐献工作部门学习和借鉴。

赵贤明在《台湾最美的人》一书里这样表述：“是什么力量，让这个民间慈善团体能够不畏艰辛、排除万难，及时地、持续地在中国台湾与世界各个角落发光发热？答案是：证严法师的实践精神感召，以及慈济行善助人的动力，绵绵形成一股爱的连接、循环与回馈。”证严法师先后获得艾森豪威尔国际和平奖、罗斯福基金会“杰出公共服务奖”、《时代》（*TIME*）杂志2011年度全球百大最具影响力人物等数十个奖项，还有组织为其申报诺贝尔和平奖，从其给世界的奉献看，的确实至名归。

慈济的成功给我们的启示是：一个公益组织只有找准社会的痛点，提出解决的方案并不断付出努力，同时借助舆论传播协同社会力量解决这些社会问题，从而推动社会的进步，并赢得品牌影响力和机构的可持续发展。

## 三

慈济充分发挥了宗教的动员优势，“以爱为管理，以戒为制度”，通过科学的组织制度和管理，筹人筹款，不断发展壮大救助实力。

慈济如何超越地域将其组织和救助范围扩展到如此多的国家和地区，甚至还包括朝鲜这样的国际上极其特行独立的国家？一个诞生于台湾东部落后地区的佛教组织，如何跨越地域发挥影响力来管理这个具有世界网络的组织体系？

慈济将佛教的传统组织模式与现代人力资源管理相结合，融合基金会、社会企业与社团会员、志工、委员等综合管理模式，打造了庞大的慈济帝国。慈济的组织体系和人员结构很复杂，但由于借助最新的数据库管理技术，做到了数据清晰，管理有章有序。其庞大体系的核心在花莲静思精舍，这是证严法师协同弟子共同建造的出家道场，是慈济功德会的发祥地，也是慈济基金会的注册登记地，更是慈济人的“心灵故乡”，证严法师不仅仅在这里指挥着其慈善救济事业，每当世界上发生大的灾难，救助的指令就从这里发出，更重要的是她在这里通过早课、开示，不断在激发着慈济人爱人助人的内在动力。

在慈济体系里，其成员构成有如下几个层次：一是会员，即定期向慈济捐款的人，只要捐款并留下个人的姓名、住址、身份证号等信息，就可以成为慈济会员，据其最新介绍目前会员人数已超过1000万人，也正因此，慈济多年来自会员小额捐款占90%以上。二是委员，他们是慈济组织中的管理核心，也是资源动员中心，目前授证委员已达8万多人，其工作包括发展会员、募集善款、组织活动、开展救助工作等。要成为授证委员有比较严格的条件，要有正知正见、无不良嗜好、能抽出时间参与慈善等要求，还要担任见习委员、培训委员两年以上。三是志工，也就是参与慈济慈善活动、不领取薪酬的志愿者，数量近200万人，志工还分为在医院担任服务工作的“医院志工”，在环保站做垃圾分类回收的“环保志工”，关怀独居老人的“敬老志工”，担任清扫任务的“福田志工”，提供餐食服务的“香积志工”等。慈济还特别重视青少年志工活动，在幼儿园和小学发展的志工叫慈幼，在中学阶段发展的志工叫慈少，在大学发展的志工叫慈青，据称台湾150多所大专院校里都有慈青活动。四是为了鼓励筹款，慈济还授予大额捐赠人荣誉董事称号，简称“荣董”，缘起于建设慈济医院为感恩捐款满百万元新台币的捐赠人，1986年开始颁发，目前担任“荣董”的条件是一年内捐款满新台币100万元者。五是慈济基金会的受薪员工，属于专业慈善工作者，大约有千人，其中花莲总部大约有六七百人。

虽然慈济人有不同的层次，不同的称谓，穿着不同的服饰，但证严法师特别注重团队建设和平等精神的营造，在组织架构上她曾经用“立体琉璃同心圆”来比喻：“圆是转动的球体，所有慈济志工不分前后、上下、高低。大家同在团队潜移默化的力量里，浸润自身，以团体之圆修自心之圆，辗转相教、彼此精进。”对于每个层级成员慈济都有不同的发展和维护办法，证严法师特别擅长通过道场的开示“教富济贫”，她在《静思语》里解释：“慈悲喜舍这四个字，分开而言：慈喜是予乐，是教富；而悲舍是拔苦，是济贫。”她常讲“喜舍得欢喜”，让拥有财富的人学习付出，参与扶贫济困、因帮助别人而快乐，找到生命的价值；“济贫教富”，则是通过救济帮助，让贫困者感受社会的温暖，走出心里的雾霾，也培养起乐于助人的品德。慈济还特别注重礼仪和形式的营造，通过一些庄严的仪式、服饰、标识，使慈善行动具有宗教的庄严感和神圣感，从而激发慈济人的使命意识和持之以恒的参与积极性。所以，慈济的劝募之道，先是募人募心，在慈济的场所都没有一般寺院或慈善机构的募捐箱，我们参观都是接受他们的招待和馈赠，没有任何人提及劝募，但当你心灵认同了慈济之后，自然乐意成为会员或志工。

慈济在管理上突出：“以戒为制度，以爱为管理。”在2015年证严法师最新出版的著作《有礼达理》一书中的第六章里阐释了她的“以戒为制度，以爱为管理”的思想：“戒就是规矩，是对自己的制度，每个人修身养性，守好做人的道理，自然能安于本分，在日常生活、待人接物中缩小自己，不逾越规矩；起心动念有一份爱，团体以爱为管理，没有谁管谁，而是人人互爱、事事感恩，让志业推动得很欢喜。”“领导者适当授权，令人各司其职，最重要的是不能缺乏感恩、尊重、爱的品德——感恩众人共同付出，尊重彼此，团队宛如一家人，护爱关怀。如此，才能成就诸事。”因此慈济有“十戒”，所有慈济人口口不离“感恩”，加之适当的授权，将具体的业务管理交给那些专业人士去负责，使慈济的救助工作在有了宗教信仰的心理优势基础上，又有了专业性，所以在救灾现场与慈济人相遇，我们每每惊叹于他们的精神和工作状态。

慈济人力资源动员还有一个重要的路径是妇女力量的激发。早期，证严法师依靠带领一群家庭妇女起家开展救济事业，至今妇女仍然是慈济会员和志工的主力。证严法师在《静思语》里这样引导妇女：“妇女应把身心培养得像月光一样慈悲柔和。扩大自己的心胸，燃起智慧之光，使每个人与你相处，都像沐浴在清凉的月光中，这样才能达到人人爱我，我爱人人之爱的真谛，迈入人格升华的境界。”参观过程中接待我们的多位慈济委员，都六七十岁高龄了，但一个个满脸笑容、仪态端庄、心怀虔诚，他们有的在慈济做志工都三四十年了，但仍然精神饱满，乐此不疲，让我们感慨不已。他们的确像清凉的月光一样，让你感觉柔美和智慧，他们的真诚微笑，温文尔雅的举止，还有礼貌温柔的话语，让你对这个组织心生敬意。证严法师将家庭妇女培植成了慈济慈善的主体力量，她们以其贤妻良母、柔和顺从的群体形象，成为慈济慈善的核心竞争力，而慈善平台不仅仅提升了她们在家庭和社会的地位，增进了生活的幸福感，还促进了家庭与社会的和谐，又进而影响了更多男性加入慈济队伍，进一步扩大了其实力和影响力。

## 四

慈济极其重视公益传播，新媒体应用与时俱进，自有传媒平台建设与慈善事业发展同步，打造人文志业更是志在美善人类精神世界。

证严法师不仅仅是一个极擅长通过讲故事来传道解惑的法师，还是一位传播大师，具有非常超前的传播理念。她在创办慈济功德会的第二年，就创办了《慈济》月刊，并在发刊献词里确立了编辑方针：绝对不浪费一字一行，不说无益于人、无利于世的话。迄今该刊已编印到588期，由一个最初的油印四开的小报发展到今天的月刊，每期160个页码的彩印，高峰时发行30万册。我带回一本仔细阅读，这是我见过编辑最好的公益类期刊，不仅仅是图文并茂，也不仅仅是内容丰富，而是其故事、人物和文字所展现人文关怀的格调深深打动我。

慈济一直走在媒体传播创新潮流的前沿，20世纪末期，在电视媒体兴起的时代，1995年慈济的视听部成立，与电视台合作的慈济世界节目就开播。1998年，慈济创办大爱电视台，1999年台湾“9·21”大地震即开播灾区实况节目，同年实现通过卫星与北美洲、澳大利亚、南亚国家连线，2000年在欧洲、中南美洲及非洲连线直播，成为全球性电视台。2001年在纳利风灾时期，在三个重灾区进行一天18小时的直播，开创了台湾直播纪录。2005年成为台湾第一家数字制作播出的电视台，2012年开始播送高清频道节目，目前通过12颗卫星全球播送。其制作的节目，近年来在台湾及国际获奖无数，目前已是台湾收视率排在前五的电视台。在台期间，一打开电视，到处都是台湾大选前充满火药味的辩论和抨击，一个个都是大嗓门，而一换至大爱频道就变成了柔声细语，有菩提禅心、法华经序等佛教节目，但更多的是大爱新闻、大爱会客厅、大爱人物志等节目，据称大爱剧场的励志连续剧是台湾家喻户晓、收视率最高的节目之一。

慈济利用广播进行传播历史更早，1985年即在民本电台开播慈济世界广播节目，1986年在“中广台”开播慈济世界节目，后来发展到10多家电台、20多个波段合作广播收听网，传播范围包括中国和美洲等地。2005年，慈济适应传播潮流变革，将慈济世界广播改成大爱网络电台，实现“手指轻轻一点，全球听见大爱”，现在你只要能上网，就能随时收听其节目，听得到证严法师的声音。2008年，慈济开始推出全球的网络视讯连线共修的开示法语，每天清晨4点10分、5点20分、7点与花莲静思精舍连线，听取证严法师的“晨语”。此外慈济还有人文出版社和出版公司，已出版了证严法师20多种著作，其《静思语》20多年来全球已发行400多万本，翻译成了19种语言。而慈济的法会据称规模声势浩大，虽没有经历过，但参观花莲的静思堂，其广阔的空间，密布的座椅，可以想见每场1万多人聆听毫不夸张。

慈济将其传播实体统一命名为人文志业中心，将其出版杂志、书籍、广播、电视、互联网事业及环保志业整合，志在推动各项志业都以人为本，通过传媒以阐扬人性真善美为依归，担负“报真导正”之责任，彰显人与人之间关怀互助的大爱情操，借着有形的志业来净化无形的心灵空间，进而提升社会的祥和美好。因此，它们是慈济的媒体平台，但肩负为时代作见证，为人类写历史，创造爱与善的循环的崇高使命。在台北慈济人文志业中心的十四层大楼，我们参观了其电视台演播中心、录制大厅和慈济发展展室，感受了慈济传播的动员能力和影响力，也体悟了其从人文切入、美善人类心灵的伟大愿景。

慈济公益事业的发展史，就是一部紧跟时代传播技术和潮流的传播史，通过与时俱进的传播，证严法师成为征服慈济众生的证严上人，带领慈济成为引领世界公益事业的重要力量。营销大师科特勒有一句名言：营销即传播。消费者不理会营销，但消费者将被传播征服。慈济慈善事业的辉煌和慈济品牌影响力的形成，证明了科特勒这句话不仅适用于商业，同样适用于慈善事业。

## 五

慈济是一个与时俱进的学习型组织，通过不断引入新的组织形式和技术手段，创新管理，兴办实体，实现了可持续发展和公益行业的领先。

证严法师是一个极善于学习创新的人，她将慈济也打造成了一个学习型组织，与时俱进，吸纳不同组织形式的长处，应用新的管理理念，不断创新管理模式，因此，慈济系统是一个兼容传统的佛教道场与现代财团法人慈善基金会、社会企业、社会团体等多形态组织一体的混合型组织。

作为领导慈济事业核心的花莲静思精舍，这是一个财务独立的佛教道场，是证严法师及其徒弟的静修弘法的场所，但它也是慈济基金会的注册场所。慈济起初做慈善成立的机构是功德会，这是佛教传统慈善组织形式，后来为适应台湾社会组织管理的相关规定和事业发展的需要，改设为地方性的基金会，后又登记为全台性的财团法人基金会。慈济的“四大志业、八大法印”，即慈善、医疗、教育、人文四个方面的志业，再加上国际赈灾、骨髓捐赠、环保、社区志愿服务，组成八大法印。其中四大志业里最早起步的“医疗志业”已拥有覆盖全台湾的6家大型医院，还有具有国际规模和影响的“慈济骨髓干细胞中心”，这些都是慈济创办、独立注册的非营利机构；因兴办医院而为培育护理人才开办了慈济护专，后升格为技术学院，为培养医生又创办慈济医学院，2000年升格为慈济大学，彻底解决慈济事业多方人才来源问题。并进而意识到教育是社会的希望，因此兴办了从幼儿园、中小学到大学全覆盖的慈济教育体系，我们参观的慈济大学已是台东地区最好的大学，在花莲有两个校区，设有医学院、生命科学学院、人文社会学院、教育传播学院四个学院，是能授予从学士、硕士到博士学位的综合性大学，在台湾156所大学里列第

30 名。这些学校由慈济基金会创办，现都是独立注册的非营利组织。

从 20 世纪 90 年代初，证严法师倡导环境保护“用鼓掌的双手做环保，让垃圾变黄金，黄金变爱心”，从而掀起台湾的环保绿色运动，到今天为止慈济在全球 17 个国家和地区共建有 7197 个环保工作站，有 10 万多授证的环保志工。而 2008 年成立的大爱感恩科技公司则是典型的社会企业，由 5 位台湾爱心企业家捐赠股权设立，秉持“与地球共生息”的理念，致力于回收塑料瓶再开发利用的环保科技，生产再生纺织原料，制成环保服饰、寝具、箱包等生活用品，原料由环保志工回收塑料瓶整理提供，生产的一部分毛毯和服装等专用产品用于救灾，一部分产品通过慈济的连锁经营店销售，产品全部利润用于慈善事业。2015 年其专为救灾设计的静思多功能福慧床还荣获德国红点设计大奖。在慈济静思堂专卖店参观过程中，我还特地购买了一件大爱科技生产的 T 恤衫和一个带有太阳能充电板的节能环保旅行箱包，以表示敬意和支持。

## 六

位于台北市的慈济人文志业中心大厦 2005 年由台湾企业家捐赠 20 多亿元新台币新建，已注册登记为财团法人慈济传播人文志业基金会，里面除了大爱电视台、大爱网络电台等传播机构外，还有人文志业中心兴办的《慈济》月刊、《经典》杂志及慈济文化出版社、静思文化出版公司等机构，在慈济志工的引介下，我们参观了一楼的大厅及二楼和四楼的慈济发展历程展示，还有节目录制室。据介绍，慈济大爱电视台不播放任何广告，其运作费用主要依靠慈济志工回收废品的所得及捐赠。其静思书轩的连锁文化书店，以销售证严法师的书籍及慈济的期刊、文化产品、纪念品等为主，全球已有 110 多家。我们考察团一行参观一个地方，都会狂购一番。

慈济在岛外的发展，依据国家和地区的不同，或注册为有法人资质的慈善基金会，或登记为慈济的分支机构或地区办公室，形式较为灵活多样。2008 年，慈济在苏州成立了具有独立法人资质的非公募基金会。慈济虽然网络庞大，但其组织体系严密，证严法师负全责，三个副执行长分管四大志业，不同的实体和分支机构都有执行长负责。不同区域的委员带领志工开展具体救助工作，借助现代通信技术、互联网指挥整个体系，做到了指挥的顺畅和信息的及时反馈。

上慈济的全球资讯网，能感受到这个佛教慈善组织的现代性和前沿性，其年报统计 2014 年网页浏览量达 1.4 亿人次，其透明度、信息的丰富性和及时性都很值得学习。

当然，慈济也有不足，也可能会发生危机。2015 年台北市内湖征地的舆论危机，能看得出一部分台湾民众和媒体对其积怨还挺深。但对于这么一个庞大的组织来说，在当今多元化舆论环境下受到一些批评和质疑也很正常，这次危机它们的应对策略也很值得嘉许。但慈济的最大危机也可能会是后证严法师时代的过渡，就像当年救世军在其创办人布斯将军去世后，经历了一个时期的混乱争斗一样，如何由无上权威的领袖领导过渡到团队的协同治理，依靠现代社会组织结构体系来运行，这可能是未来考验慈济团队智慧和能力的一个最大难题，也可能是慈济未来最大的风险点。

（作者系中国红十字基金会副理事长。来源：慈讯网）

# 洛克菲勒的
# 慈善与信仰

许 宏

## 引言

1946年，一个家族将纽约曼哈顿的一片土地捐赠给联合国。迄今的人类历史上，他被称为最有钱的商人，被认为是捐钱最多的商人，也可能是最富争议的商人之一。对比他给世界的贡献，这位世界首富从信仰上获得的营养要重要得多，他最喜欢唱的一首歌叫作《耶稣我良友》。

近些年，每逢9月，都会有各国政府领导人访问纽约的联合国总部，参加那里的联合国大会。

但在1952年之前，联合国大会并不在纽约召开。1946年，第一届联合国大会在伦敦，地点是当时的基督教会英国循道会总部（Methodist Central Hall Westminster）。

在这座建筑的外墙上，刻有几行字：To the glory of God and in prayer for peace on Earth this tablet commemorates the first meeting of the General Assembly of the United Nations in the Methodist Central Hall，Westminster，Jan.10 – Feb.14 1946.

直译大概是：致上帝之荣耀，在为地上平安之祷告中，此碑刻纪念1946年1月10日至2月14日于威斯敏斯特循道会中央大厅联合国大会第一次会议。

当时的安全理事会是在英国圣公会的总部（Church House），以后几届联合国大会都在法国巴黎一处开过世博会的大厅。

如果没有一个家族在1946年将纽约曼哈顿的一片土地捐赠给联合国，纽约未必会成为这个国际组织总部的长久所在地。那时，欧洲和美国不少地方都在邀请联合国入驻。

不仅第一届联大和安理会所在地跟基督教会有关。这个家族的兴起以及给联合国捐赠土地的举动本身也跟基督教会有关。

看看这个家族兴起的过程，会感受到，比起他们给这个世界的贡献，他们从基督教会获得的营养却大得多。这个家族的兴起从一个人开始。在迄今的人类历史上，这个人被称为最有钱的商人。他也被认为是捐钱最多的商人。同时，他也可能是最富争议的商人之一。他名叫约翰·戴维森·洛克菲勒（John Davison Rockefeller）。

## 破碎家庭长大的商业天才

洛克菲勒的财产曾达到他所在国家一年国内生产总值的六十五分之一，换算成如今的价值，至少有 1900 亿美元。他捐出了超过一半的财产。不仅在自己的国家建立了芝加哥大学，北京协和医学院也是他出资创办。位于纽约的联合国总部大楼所在地，出于他家族的捐赠，大楼设计也跟他的家族有关。

与世界很多其他的有钱人不同，他不是变得富有之后才慷慨解囊。因为母亲的影响，他从小就开始给教会捐款。从 16 岁领取第一份工资，他开始将收入的十分之一奉献给教会，还有百分之六捐赠慈善。

洛克菲勒于 1839 年 7 月 8 日，出生在美国东北纽约州的一个小镇。跟当时大部分美国人一样，他的祖先是从欧洲迁徙到北美的移民。父亲是个商人，做过比较成功的木材生意，后来从事过各种买卖，一生都常常游荡在外。母亲是家庭主妇，抚养洛克菲勒和他的姐妹及弟弟。除了跟妻子生下六个儿女，就在洛克菲勒出生前后两年，他的父亲又跟另外一位女人生下两个女儿。

从一开始，洛克菲勒和他的姐妹弟弟们就是在这样差不多破裂的家庭中长大。作为长子，洛克菲勒很早就承担协助母亲的责任。他养火鸡、卖土豆。当然，他的父母并没有离婚，他在生存方面仍然受到作为商人的父亲的影响。他甚至学会将得来钱的一部分贷款给邻居。

大约在 1855 年 5 月，还不到 16 岁的洛克菲勒从中学退学，其中的原因不得而知。有一件事情很可能与此相关。几乎就在同时，洛克菲勒的父亲在纽约州的另一个城镇跟一名年轻女子秘密结婚。这个行为很可能进一步减少了洛克菲勒父亲对家庭的投入。

那年夏天，洛克菲勒读了一个商业学校短训班。他学习了记账、结算这些做生意需要用的基本知识和技能。在接下来六个星期，除了周日去教堂做礼拜，洛克菲勒跑遍了当地几乎所有的店铺。

终于在那年的9月26日，一家经营农产品的贸易公司收留了他。这家公司需要一名记账的助理。那一天，是洛克菲勒商业生涯的正式开始。他要等三个月后才第一次领到工资。但这样的延迟并没有让他失望。对别人可能是枯燥乏味的记账工作，他却非常喜欢。

就在这样的日常行为中，洛克菲勒后来回忆说，他享受着数字和商品互相核对的快乐。对于洛克菲勒，账本的好坏，反映了商人素质的高低，包括是否注意收支平衡、思维是否清晰、是否富于效率、是否能作出正确的决定。

然而，记账的天赋尽管少见，却并非洛克菲勒独有。实际上，这是他所在商业社会重视的品质。洛克菲勒找到的第一份工作不是偶然，正是这方面需要的体现。

## 他如何成了世界最富有的人

仅仅4年后，20岁的洛克菲勒跟别人合伙，开了自己的公司，继续经营农产品贸易。如果按照这样的基础发展下去，这位年轻人不仅会远远超越他的父亲，他的职业素质以及对教会和慈善的捐款很可能让他成为当地受人尊敬的企业家。

正如人们后来看到的，洛克菲勒的前途仍然大大超出了这个预期。这一切跟一个新兴的产业有关。就在洛克菲勒开始经营自己的农产品贸易公司的时候，在距离他工作不远的地方，有人发现了一种新能源，并且有人开始进行开采和提炼。

这个能源就是石油。在接下来的100多年里，石油的重要性显而易见。石油并非到那个时候才被人发现，只是到了那时，人们才开始具备开发使用石油的能力。

洛克菲勒本人并非化工专家，他是通过跟他合伙开公司的朋友认识了一位正在进行石油提炼的工程师。差不多是受了这个人的影响，洛克菲勒开始尝试投资石油。跟当初做记账的工作一样，洛克菲勒一旦进入石油的生意，他的身心就沉浸其中，日夜想着如何做好。他时常叫醒跟他同住一屋的弟弟，讨论具体的想法。早饭时，他的合伙人和那位石油专家就会到他家中见面说话。对此，他的弟弟和妹妹很困惑甚至反感，不明白洛克菲勒为何如此投入这样在他们看起来毫无吸引力的事。

与大部分的同行相比，洛克菲勒不仅在工作上异常认真，在业余生活上，他也与众不同。那时通过开发石油获得财富的商人，常常在赌场、酒馆、妓院寻求享受，洛克菲勒却都避而远之。

这很自然让人怀疑，洛克菲勒如何在复杂动荡的商业世界生存下去。奇怪的是，就是这样一个人不仅活下来了，而且在他漫长的 97 年人生中，从 20 岁开始经营自己的公司，他的生意从来没有任何一年亏损过。

通过一系列融资和并购，到洛克菲勒 40 岁的时候，他的标准石油公司（Standard Oil）提炼的石油占据了全美国的 90% 以上，生产的跟石油相关的产品超过 300 种，包括原油、沥青、油漆、凡士林和口香糖。

经过这 20 年，美国和全世界的经济生活开始进入“石油时代”。这也是美国经历痛苦的内战之后复苏的 20 年。无论是通过提供价格低廉的产品，还是造就数以万计的就业机会，洛克菲勒和他同事们的努力使公众体会到大公司的存在带来的好处。

然而，问题也随之而来。同行和媒体指责洛克菲勒通过低价以及与石油运输商的私下协议导致行业垄断。经过法律的途径，在 1892 年，法院判定洛克菲勒在俄亥俄州的公司触犯反垄断法，使这个分公司从标准石油分离出来。

1904 年，女记者爱达・塔贝尔（Ida Tarbell）的《标准石油公司史》出版。这部现代公司传记的先驱之作加速了洛克菲勒商业集团的分离。到 1911 年，美国最高法院命令标准石油分解成 34 个彼此独立的公司。今日的埃克森美孚石油以及雪佛龙石油这些世界最大的商业组织原来都是标准石油的一部分。

## 他最喜欢的歌：《耶稣我良友》

洛克菲勒的一生显示，年轻时对工作的喜爱和投入、远离赌博酗酒和色情，在很大程度上帮助了洛克菲勒成为不同一般的商人。而恰恰在取得所谓的成功之后，洛克菲勒却身陷前所未有的挑战。

这不仅因为他过于庞大的商业帝国阻碍了正常的市场竞争，使新的公司很难兴起。他的成功事业也阻碍了他自己的视野。晚年时，在跟他有同样基督教信仰背景的妻子去世之后，除了继续在周日去教堂做礼拜，他痴迷于打高尔夫球。那时，正是高尔夫球在欧美社会的富人群体中开始流行的年代。

就是在这个看起来健康的体育活动中，洛克菲勒远离了他年轻时的生活习惯。

他常常跟陪他打球的年轻女性打情骂俏，包括他儿子在内的亲人朋友都看不下去。

人们在谈论洛克菲勒这样世界名人的成功经验时，可能容易强调他们的与众不同之处。但是正如洛克菲勒前后的变化，一些看来是根深蒂固的好习惯甚至高素质都可能因为处境的变化而改变。

假如不是从小到大一直有信仰上的影响和约束，洛克菲勒很可能会引起别人更多的批评和指责。当然，没有从信仰给他带来的工作上的原则和智慧，没有社会环境中还存在的健康生活的因素，洛克菲勒也可能完全是另外一个人了。

洛克菲勒出生的时候，正值北美历史上“第二次大觉醒”时期。开始于18世纪30年代的“第一次大觉醒”被认为对美国的建立起到了精神上的铺垫作用。那时，距离最早的一群欧洲人因追求纯净的信仰而移民北美已过去了100多年。跟第一次类似，很多美国人在18世纪90年代到19世纪40年代期间认罪受洗，成为基督徒。

小时候，洛克菲勒每周日都去教会上“主日学”的课程。在他的记忆中，那里的老师原来是一个亵渎神的人，后来忏悔，成了一名很认真的基督徒。

他的父亲尽管行为不端，却也受过教会的影响，会唱很多圣诗，而且鼓励自己的孩子去教会。他曾经拿出5美元，作为洛克菲勒把《圣经》从头到尾读一遍的奖赏。当然，这样的教育产生的问题也很明显，使洛克菲勒的一生过分把信仰跟金钱联系起来，虽然他也意识到这些财富其实是上帝的恩赐，自己不过是一个管家而已。

1854年秋天，15岁的洛克菲勒在当地一家教会受洗。这个教会就是在“第二次大觉醒”时建立的。洛克菲勒不仅周日去教堂做礼拜，还兼任“主日学”的老师，而且帮助管理财务和做文书的工作。

人们也时常看到这名年轻人打扫教堂。他的节约习惯也有目共睹，当看到人们在做礼拜结束后离开教堂时，他会熄灭其他的蜡烛，只留下一支还点燃的。有一段时期，他每天花几个小时学习弹钢琴。他在教会接受唱诗的培训，他的男中音深沉浑厚，他喜欢唱的其中一首歌叫作《耶稣我良友》（*I've Found a Friend*）。

## 从信仰获得的营养比他给予世界的重要

在教会的生活中，对洛克菲勒后来的商业生涯影响最直接的事情是关于教会在资金上自立的问题。

大约 20 岁的时候，他所在的教会遇上了财政上的困难。如果教会不能很快筹集到 2000 美元的抵押款，教会就会失去使用的会堂。

洛克菲勒后来回忆，正是这件事真正让他对金钱上的独立产生紧迫感。参加这个教会的人多是普通的工薪阶层和小业主。那时，2000 美元对于他们来说是个不小的数目。然而，经过教会牧师和洛克菲勒的呼吁，很多人纷纷捐款。几个月之后，这笔钱如期筹到。

教会对洛克菲勒在商业上的影响还不仅于此。引导他进入石油工业的那位化工专家虽然是通过他的公司合伙人介绍认识的，但最初见面却是在教会。而从中年开始，洛克菲勒得以建立起专门的慈善基金会也是教会人士提供的帮助。

如同在挣钱上关心每一笔收入如何进账，洛克菲勒对于花钱也是非常认真。因为在 40 多岁时就差不多成为美国最富有的人，洛克菲勒每天都会收到社会各界的大量来信，要求他予以金钱上的帮助。出于信仰和捐款的习惯，他很难对这些请求视而不见。但他显然越来越难以在这些事情上做出即使让他自己满意的工作来。

这方面，弗雷德里克·盖茨（Frederick Gates）对洛克菲勒的帮助最大。盖茨原先是牧师，后来的注意力转移到教育和社会工作上。他在芝加哥大学、洛克菲勒大学、洛克菲勒基金会以及北京协和医学院的建立上都起到过重要作用。

通过商业和教会的双重途径，洛克菲勒和他的同事们奠定了现代慈善事业的基础。从他开始，大型的基金会成为帮助社会健康运转的重要力量。大量的私人财富得以集中起来，由专门的人员和组织管理。

除了在芝加哥大学这样的机构培养各类人才，洛克菲勒基金最显著的贡献可能在于帮助建立了现代公共卫生体系。在世界很多地方，成千上万的人因为这方面的进展不再像以往那样容易受到传染病的困扰。

尽管如此，洛克菲勒的慈善事业对世界产生的消极影响，可能跟他在商业世界上起到的不良作用同样巨大。包括弗雷德里克·盖茨在内的同事们，洛克菲勒过分推崇金钱的作用。

他们也明显受到 20 世纪初兴起的社会福音派的影响，夸大科学、医疗对改变生命的作用，倾向于将拯救生命简化为救助身体。

一个明显的事实是，洛克菲勒家族巨额的金钱投入，并没有帮助带来洛克菲勒在小时候经历的信仰复兴，他给公众留下的最大印象仍然是他的富有而非他的信仰。

洛克菲勒的确是一位对社会有杰出贡献的商人，但这不是因为他有能力赚到前所未有多的金钱，而是复兴的信仰帮助他走在乐于工作和奉献的道路上。洛克菲勒从信仰上获得的营养要比他给世界的贡献重要得多，包括给联合国捐赠土地。

（来源：《境界》，微信号 newjingjie）

# 善绎人生

善人者，人亦善之。

——管　仲

# 阳光背后的寂寞

Joker

## 引言

每天基本都是吃饭、睡觉，吃饭、睡觉。我真的很希望相关的管理者或者有心人士能够结合他们的身体状况，给他们每天或者定时组织参加一些活动来帮打发一下时间，起码让他们在心灵上有一些寄托。

在去麻风病康复村的路上，小兰说老人们因为患过麻风病而身体上会有各种残疾，虽然我之前已经对麻风病有一些了解，可是要真实地面对他们，我心里不免还是有点小忐忑。

可是，当他们就那么近地在我面前时，我却一点儿也不害怕。对比于街上的乞讨者那种让我感到触目惊心的残疾，他们的残疾在我看来更像是一个时间的印记，就如人老了就会有皱纹一样，只是，他们的皱纹比一般人更明显，也没什么好害怕的，我们都一样。

在与老人们的聊天中，我感觉他们都很和善，也很健谈，而且我觉得跟我聊过天的老人思维都很清晰，虽然他们最“年轻”的都已经76岁了，最年长的已经93岁了，可是他们都能清楚地记得发生在他们身上的事件的年份。也许是因为那些事件在他们心中已经烙下了不能磨灭的痕迹吧。

吃过午饭之后，我们与几个阿伯、阿婆在树底下聊天，有两个阿伯还下起了快棋，他们思维敏捷，快速地移动和吃掉对方的棋，动作之快实在是让我自叹不如！其间，我看到了一个阿伯坐在轮椅上慢慢地向我们移动。我看了一会儿，决定过去推他过来。可是，当我提出这个想法时，老人果断地拒绝了，他说他自己慢慢移动完全没问题。后来在与他的聊天中得知他的名字叫力继。老人在讲到自己的名字时还举起了双拳向我展示他的力量。无论是在扫地的阿婆和轮椅上的力继阿伯，还是其他老人，都让我深深地感受到了自强的力量，他们虽然残疾，但他们还是尽量地去做一些力所能及的事情。在这些老人身上我感受到的是满满的正能量，是他们在帮助我更加努力地学习和生活。

虽然他们很阳光，可是我还是感受到了他们的寂寞。虽然还有亲人的阿婆可以早早地熬好汤坐在树下等待女儿的到来，但是其他的一些老人没有亲人了，或者是由于各种原因，他们的亲人不愿意来看望他们。记得有一位老人跟我讲，自己老了干不动了，身体还残疾，在家里是等着家人养，在康复村是等着国家养，还不如待在康复村，起码不会连累家人。听到他这么说，我心里忽然觉得不好受。人的一生是一种轮回，当我们还是婴儿时，长辈们辛辛苦苦地抚养我们成人，当长辈们老了的时候，我们不是也应该去赡养他们吗？！这是人类发展的规律啊，老人们为什么要觉得自己是家人的负累呢？我们都会有自己老得动不得的一天啊。

当我问到老人平时除了下棋之外还有什么娱乐活动时，几乎所有老人第一反应的回答都是“我什么活都干不了了啊”。在接下来的交谈中我了解到，由于高龄和残疾，他们基本都没有了劳动能力，如果志愿者不来探访他们，他们基本没有什么娱乐活动或者说没有什么可以让他们打发时间的事情，每天基本都是吃饭、睡觉，吃饭、睡觉。我觉得那些不会下棋又没有什么特长的老人的一天好漫长啊，由于没有自己的爱好，他们只能无聊地度过没有志愿者或者亲人陪伴的无数个白天。我真的很希望相关的管理者或者有心人士能够结合他们的身体状况给他们每天或者定时组织他们参加一些活动来帮他们打发一下时间，起码让他们在心灵上有一些寄托。

由于我第二天还有其他事要做，所以当天下午我就和其他几个志愿者一起走了。如果说这次探访有什么是最让我难忘的，那肯定是在我们离开时老人们的那种目送和期盼的眼神了。我们还有家可回，可是对于这里的大部分老人来说，麻风病康复村就是他们的家。一想到这里，我就觉得心里很难受。他们很多已经在康复村居住了几十年了，时间正在慢慢地销蚀着他们的生命，我希望社会上能有更多的人去关注他们，给他们寂寞的暮年带去更多的温暖。

（作者系麻风病康复村艺术家口述史项目小组成员。来源：微信公众号“麻风村口述史”）

# 看到希望
## ——台湾班学习心得

游华元

### 引言

从台湾学习回来，同事们陆续问我台湾的社工行业发展怎样？有什么感受？有哪些工作可以借鉴？回顾几天的学习，回顾各个拜访的机构和与居民的交谈，脑袋里浮现四个字：看到希望。

2016年10月16日，在广东省社会工作师联合会的带领下，和广州、珠海的25位同行一起，踏上了台湾的学习之旅。看了整个行程的安排，包括台湾社工的发展，优秀机构的拜访、社区营造的参访，希望能够带很多干货回到中山，能够学以致用。

周一早上，跟随班主任的指引，来到台湾政治大学社会工作研究所，通过老师们的讲述了解台湾的社会工作发展历程。在学习的过程中，看到社会工作在台湾的发展经历了一个较长的时间，看到在发展的过程中包括政策的导向、专业人士不断推动行业发展的重要性。

第二站来到台北市至善老人安养护中心（以下简称至善），犹记得一个同行在参观过程中说的一句话：这个养老院最大的感受是“没有老人的味道”。虽然“老人的味道”这个表达似乎有点不妥，但回顾曾经去过的养老院，主要是一些特殊老人的照顾，比如失智老人的卫生，护理老人的卫生、用药等，的确空气中会弥漫着一股“老人的味道”。而在至善，每一个角落都体现出服务的极为细致。除了传统老人服务的兴趣课堂、书画、康娱活动等，也包括长者回顾的温馨布置；尊重入住者的信仰，开设教堂等，真正让老人住在中心就犹如“在家”的生活。还有社工的悉心介绍，让我们全面地了解院舍的行政、服务等架构及服务的开展，而不只是自己负责的板块，这个对我的触动也比较大。我们日常的工作中，忙于应付各类服务，而社工本身在一个系统里就需要整合资源，有时我们急于外出找资源开展服务，而身边的资源却没有顾得上。

阿宝教育基金在宜兰县，面向身心障碍的儿童及青少年开展就业、家庭支持、教育等服务。在拜访的现场，参观了庇护工场，学习了解他们的学员学习、工作、娱乐等的安排，这个过程既是给到服务对象回归社会的空间，也能根据他们的身体特点制定他们能接受的时间。随后，来到阿宝教育基金会的总部，了解阿宝教育基金会的发展历史，感受到他们对身心障碍儿童及青少年倾注的热情和关爱。

来到珍珠社区，一直好奇“社区营造”这个概念落地是怎样的成效。在听完珍珠社区监事的介绍后，包括参观完珍珠社区“博物馆”、旅舍之后，我还是心有疑问。之前有看过台湾社区营造的相关视频，对社区的改造包括人际关系、环境改善、旧物利用等，然而在珍珠社区，我都感受不到这些内容，着实让我心存疑虑。带着这么多的疑虑，我和监事进行了沟通，并在他的介绍中慢慢领悟，社区营造的精髓在于人的改变，包括各项的工作也需要长久的积累：社区人才的培养、社区组织的良好运作等，所以社区营造带来的最大的改变不仅是财富的增加，而是各项精神的传承，所以在“博物馆”里能够看到很多作品，其实展示的是珍珠社区的发展成果以及人文风貌的改变，甚至是珍珠社区发展的代表性物品，这些都是社区营造丰富的内容。

家扶会的参观交流，让我更深地认识到服务做细致的重要性。印象深刻的他们介绍的《不老骑士》，听过这个影片，但没有想到是一个组织开展活动而发展形成的。

最后来到胜利基金会学习参访，看到高科技的运用，并且运用者是文化水平不高的身心障碍者。本来带着“如何帮助文化水平较低的身心障碍者就业”的疑问想要提问，但在参访过程中还没提问就已经有答案了：一个视频显示，常年卧床、小学文化的身心障碍者，手的关节损坏，只有 2 个手指头能动，却能灵活地通过点击软件工作，制作出专业的图像。我看到的不仅是他们创造出的货币价值，而是一个人无论富贵贫贱，无论学识多少，无论身体状况怎样，无论从何开始，只要愿意做，总能成功，找到自己的人生价值。

匆匆几天，参访的单位也很多，尽管有了 9 年的工作经验，但一时还是难以消化，难以回顾出所学所思所感。不少同事问我是否带了资料回来可以参考，我说没有，我只有以下学习的感受借以分享：

1. 台湾的社工发展比较成熟，工作程序、系统都很规范，如果以台湾目前的行业发展现状看，珠三角的社工发展还处于初级阶段，还在做第一个层面的工作，即宣传、认知，社工也是在探索的过程。

2. 台湾社工教育发展和行业发展的同行：通过政治大学老师的介绍，台湾社工教育发展非常好，包括教育者参与、倡导行业政策、行业专业的发展，使得服务能够有基础。

3. 台湾社工的服务领域很细化，参访了不同的单位，每个单位都有各自的发展领域，有确定的服务群体，也达致服务的专业化、服务的深度够。

4. 台湾社工的服务很细致，照顾到服务对象人性化、个别化的需求，比如在信仰方面、在个人的潜能方面，都会因不同的需求设计个性化的服务。

5. 台湾的社工强调自律，在这样一个助人的工作里，自律显得尤为重要。我们在多个参访单位问及评估等相关疑问，都能感受到他们对服务管理、服务素质等的自我要求。

通过参访，感受到台湾社工发展得很好，而我回顾自己 9 年的社工路，对比起来，我很开心我正在专业发展的这条路上前进，听到他们分享的服务，我的同伴们也正在前进着，正在努力着。我相信，再过几年，我在台湾看到的成熟的服务，在珠三角也能看到。

看到希望，我们继续在社工路上前行。

（作者系广东省中山市益群社会工作服务中心人员。来源：广东省社会工作师联合会网站）

# 为什么公益人需要有“道德优越感”

大 雄

**引言**

那些人不做公益，不支持公益，不是因为爱心不够，而是因为智力不够；如果他们足够聪明，能看清楚中国的现实，能想清楚破解之道，那他们就一定会大力支持公益，甚至投身公益。

不得不承认，强烈的“道德优越感”并不是一种健康的心理状态，我们应该帮助公益人降低“道德优越感”。

作为曾经的“推动公益专业化、职业化”的从业人员，大雄当年对“公益去道德化”也是极为认同的，可后来有了新的想法。借此机会写出来，与大家交流，供大家批评。

## “道德优越感”跟效率是否低下没有多大关系

公益前辈徐永光在《公益要去行政化、去道德化，不可去市场化》中指出：公益人因为有“道德优越感”，所以沉溺其中、逃避竞争、不思进取，所以效率低下、成效不彰。

然而，这样的论证过于“想当然”，漏洞较多，不能成为公益去道德化的理由。

第一，公益组织并不低效。很多看似没有任何专业公益知识的公益组织，往往是利用极少的公益资源，创造了最大的成效。（参见拙文《草根公益能否走出“贫穷陷阱”》）成效不彰更多的是因为社会能投入的资源总量太少。另外，也如冯永锋校长所言，社会问题得不到有效解决，往往并不是因为公益组织的药方不对、效率低下，而是沉疴已久、病入膏肓。

第二，公益领域缺乏竞争的主因并非公益组织沉溺于“道德优越感”而逃避竞争，而是：（1）行政管制过严，比如规定“同一地域同一类型的公益组织只许注册一家”，你让人家怎么竞争？（2）公益资源（捐款、志愿者等）有限，只能支撑起一家公益组织，根本没办法竞争。

第三，“道德优越感”并不必然导致沉溺其中，也可能要求公益人树立更高标准，导致奋发图强。

第四，在社会对公益组织缺少有效监管的情况下，“道德优越感”（所激发的“道德自律”）发挥的正面作用，应该远远超出我们的想象。

## 为什么公众认为公益人有“道德优越感”

公众认为公益人有“道德优越感”，至少有两种可能的原因。一种是因为公众较为敏感，下面这段摘自《为什么我们乐于痛恨非营利组织》的文字是很好的说明。

人们认为“行善人士”（以道德之名不遵从社会主流规范的人）在质疑旁人的道德感。举例来说，丹尼尔拒绝在一间大公司工作，因为他在道德上反对这间公司在生产过程中所造成的环境伤害。已经在该公司上班的朋友翠西会因此认为丹尼尔觉得她的道德感比较低，尽管丹尼尔对于她选择在该公司工作一事只字未提。

还有一种是因为公益人自己较为敏感。按照心理学来讲，人都有自尊，自尊=自我抱负 × 社会尊重。当我们感到社会尊重缺失时，自我抱负（优越感）就必须上升，以维持自己的心态平衡。对大多数处境欠佳的人而言，优越感都是刚需，不在道德方面怀有优越感，就会在能力方面怀有优越感。当今社会对公益的理解、认可、支持是远远不够的，所以公益人必然会有优越感。

## 公益人的“道德优越感”源于得到的支持不足

2009 年大雄去四川，在灾区一个农村蹲点半年，全职志愿者，职务算是项目助理。除了项目官员每个月会来住上三五天，其他时间大雄一个人泡在村里，天天跟村民和小朋友打交道。虽然机构可以报销每周往返成都的车费，但自诩“扎根做农村工作的人”，深以向往城市为耻，所以非工作需要几乎没有出过村子。水边林下，除了工作、读书，就是胡思乱想。时不时会想到一些很好的公益创意或者很深刻的道理，便自以为只要能全国推广，“中国就解放了”。这些“采天地之灵气、吸日月之精华”、念念不忘才想出来的点子，当然是那些在喧嚣的城市里整天心神不宁的人想不到的啦。所以偶尔与城里人言及这些想法，优越感就环绕，头上自带光环。

后来到了成都工作，有更多机会与各路师友交流，发现比大雄读书更多、工作更用心的公益人满街都是。至于大雄那些神奇的想法，有一些是早就有人想到过，或者尝试过，或者正在做；有一些想法，稍加诘问，发现根本经不起推敲。于是，优越感也随风消散。

于是，大雄想明白了一个道理：优越感往往是眼界不够开阔的产物。跟各路达人交流较多的人，更容易看到自己的局限，自卑都来不及，哪里还会去秀优越；还有得到外界较多支持因而有条件践行自己想法的人，会面对更多“做事的艰难”，知道轻重了，自然也不会秀优越。与达人的交流、指点，践行想法的资源等，都是社会支持，所以本文的中心思想是：公益人的“道德优越感”源于社会对公益的支持不足。

后来大雄在成都做公益组织和公益人才的支持工作，经常接触到在灾区一线做公益的“愣头青”，剽悍犀利，唯我独尊，联想起自己在乡下的状态，竟然没有丝毫不快，反而平添一种亲切感，甚至是敬重感——他们坚守了大雄没能坚守的岗位。而支持他们坚守的，并不是社会资源，而是他们内心的优越感。

以大雄的理解，公益是引领一种稀缺的价值从边缘走向主流的动态过程；一旦成为主流，成为社会福利、制度安排的一部分，就不再是公益了。如此来看，公益得到的社会支持必然是较少的，公益人必然会有优越感。

## 怎样降低公益人的优越感

不得不承认，强烈的“道德优越感”并不是一种健康的心理状态，我们应该帮助公益人降低“道德优越感”。

最简单直白的帮助方式就是捐助该组织。捐助有两方面的功效。一是增强了社会支持后，公益人不需要“道德优越感”来支撑自己了。二是只要你每年给一家公益组织捐 200 元，那谁还不是千恩万谢，怎么可能对你秀优越感呢？即便是你没有捐过钱，只要那家公益组织是通过公众捐款维持运营的，一般都会对“潜在的捐赠人”非常谦卑。有点像总统竞选，候选人之间（不同立场的公益组织之间）可以互相质疑、互相攻击，但没有谁会去跟选民（潜在的捐赠人）过不去。

回到大雄本人，倒是早就没有道德上的优越感了（前些年也许有过），不过偶尔会有一些智力上的优越感。大雄坚信，中国最根本的问题是公民权利缺失，公益正是从根本上解决这个问题，培育组织，培育公民，充满了挑战与激情。有时候会“很欠抽”地想：那些人不做公益，不支持公益，不是因为爱心不够，而是因为智力不够；如果他们足够聪明，能看清楚中国的现实，能想清楚破解之道，那他们就一定会大力支持公益，甚至投身公益。

（作者系武汉晓庄公益创始人、总干事）

# 她需要的，不仅仅是一条裙子

刘　芳

引言

虽然每个人从事公益的原因都不相同，但相同的是，在公益的过程中，它会逐渐改变我们，比如为人处世的方式，你会留意身边的每一个人、每一件事。公益的时间越长，你身边的事物都会变得不一样。公益是个让你爱上生活的神奇通道，你可以体会到不同的人生。

## 繁华的都市边缘，也有贫穷和落后

以前，对公益的了解，仅仅停留在金钱层面。于是大大小小的捐款和救助，尽管金额不多，参与的却也不少。觉得用这种直接的方式，给予经济上的帮助，就是我认为的“公益”。

思想上的改变是在2013年做了母亲以后，知道每一个人都是别人的孩子，他们有母亲，受了伤母亲会心疼。慢慢地学着去尊重每一个人。这种感同身受的内心，只有身为人母后，才能体会。

尽管如此，捐助的那些孩子，我仍然从未去看过。想当然地认为，那些家庭，应该是在要走几十公里山路的大山沟里，在荒无人烟、偏僻静谧的村落里。他们离自己太遥远了。所以，我理所应当地可望而不可即。

而我想不到的是，很多真正需要帮助的人，并不住在大山或是村落，他们就在我们每天生活的城市——这座有着地铁、高架、几十层的写字楼、繁华热闹的大商场，高速发展的城市的边缘地带。他们的生活，还仅仅停留在勉强维持温饱上。

## 我也想穿美美的裙子

于是，在 2016 年 8 月中旬，我踏出了第一步。

虽然只是南昌的周边地区，但给我的触动却无法用语言表达。

那天，我们一共去了四个家庭，有两个家庭住的是搭建的木棚。在我的概念里，那就不算是个家。

各式木板拼凑的简易棚房四壁布满了蜘蛛网，水泥瓦和板壁之间的空隙只能用油布随意地遮掩，坑坑洼洼的泥巴地上还有虫蚁在蠕动，墙上杂乱无章地挂满了各种生活用品。家里唯一的电器是台风扇，就这，都还是志愿者送去的。一年四季的衣服只能挂在外面，被重重的灰蒙得早已分辨不出原本的颜色。

放杂物的仓库都比那儿干净、整齐。

我无法想象，孩子如何在这样的环境中出生、长大。

那个黑黑瘦瘦、头发很短，穿男生衣服的孩子，笑起来很特别，脸上还有个可爱的酒窝。可是当志愿者告诉我，她其实是个女孩，我着实吓了一大跳。

我走到她面前，对她说，“下次来看你，阿姨给你带条裙子好不好？”她靠着志愿者，小心翼翼地看着我，眼睛里却顿时有了光。女孩的父亲告诉我，9 岁了，她从没穿过裙子。

我忍了很久，压下了瞬间想哭的冲动。而那样的画面，在我脑海里挥之不去。

我可以不去想，她 9 年来的生活是怎样过来的。但我无法不去担心，她今后的生活要如何面对。日渐长大，在这个雨天不能挡雨、冬天无法避风、夏天热到整夜睡不着的屋棚里生活。别说青春和梦想，连基本的安全和稳定都无法保障。

她的童年，缺失的，只是一条裙子吗？

她的未来，需要的，仅仅是助学金吗？

## 爱和不忍，只是公益的初始

直到这一刻我才发现，无论是资助孩子上学，还是捐助孩子治疗，我做的，都不是真正的公益。

是自己在寻求心理安慰，是中国传统观念中根深蒂固的因果善念，促使着我有了要去主动帮助别人的冲动和念头。

然而，我做的这些善，却没有下文。

我没有关注和了解过，我资助的孩子手术成功了吗？成绩如何？现在过得怎样？除了物质我还能给予她什么？她真正需要的又是什么？

我是有善念，也做了善事，却只是完成在初始阶段。

这，不是真正的公益。

每个人的力量真的很小，但每个人都很重要。

你钱包里的三枚硬币，能让饥肠辘辘的山区孩子饱餐一顿。

你不经意间的一个微笑，能让孤僻的孩子重新感受周围的温暖。

平日里一句鼓励的话，一个肯定的眼神，一个家常的问候，都有可能让想要放弃的家庭又有了前进的动力。

不要吝啬自己善意的举动，一个充满正能量的细节会改变很多你意想不到的东西。

用身体去感受，用真诚去温暖，尽管改变不了她现在的状况，但我希望能影响她今后的成长。

这，就是我现在想要去做的。

（来源：中国公益在线）

## 公益慈善书架

| 序号 | 书名 | 定价（元） |
| --- | --- | --- |
| 1 | 2015 中国慈善捐赠发展蓝皮书 | 36.00 |
| 2 | 2014 中国慈善捐赠发展蓝皮书 | 36.00 |
| 3 | 2013 中国慈善捐赠发展蓝皮书 | 36.00 |
| 4 | 2012 中国慈善捐赠发展蓝皮书 | 36.00 |
| 5 | 2011 中国慈善捐赠发展蓝皮书 | 35.00 |
| 6 | 2010 中国慈善捐赠发展蓝皮书 | 35.00 |
| 7 | 2014 年度中国慈善捐助报告 | 58.00 |
| 8 | 2012 年度中国慈善捐助报告 | 58.00 |
| 9 | 2011 年度中国慈善捐助报告 | 58.00 |
| 10 | 回归初心：中国慈善公益的思考 | 35.00 |
| 11 | 善行天下：一个公益经理人的跨国札记 | 49.00 |
| 12 | 广州市公益慈善事业发展报告（2016） | 38.00 |
| 13 | 广州市慈善事业发展报告 | 38.00 |
| 14 | 慈善读本（小学版） | 17.00 |
| 15 | 慈善读本（初中版） | 15.00 |
| 16 | 慈善组织能力建设 | 28.00 |
| 17 | 慈善项目管理 | 30.00 |
| 18 | 慈善大市场 | 68.00 |
| 19 | 慈善步履 | 78.00 |
| 20 | 新中国慈善制度发展研究 | 28.00 |
| 21 | 中国古代慈善简史 | 28.00 |
| 22 | 儒家文化慈善思想研究 | 36.00 |
| 23 | 港澳台地区慈善事业概览 | 28.00 |
| 24 | 国外慈善事业简论 | 28.00 |
| 25 | 现代慈善随想录 | 36.00 |
| 26 | 慈善格言名句选编 | 20.00 |

# 2017 年度《善行天下》征订单

## 订购收据

（第一联） 存根联

| | | | |
|---|---|---|---|
| 订购单位 | | | |
| 订购套数 | 单价（¥200.00）× 套 = 元 | 每期定价 50.00 元，全年定价 200.00 元（含邮资） | |
| | 大写金额 元 | | |
| 发票单位名称 | | 汇款方式 | 邮局 / 银行 |

**★银行汇款：**

开户银行：招商银行北京分行营业部

户　　名：中国社会出版社

账　　号：86 0186 1449 10001

联 系 人：金　伟　杨建萍

联系电话：（010）58124835 / 4836 / 4838

**★邮局汇款：**

通信地址：北京市西城区二龙路甲 33 号新龙大厦四层

收款单位：《善行天下》编辑部

邮政编码：100032

传　　真：（010）58124837

## 订购回执

（第二联） （复印有效）

| | | | | | |
|---|---|---|---|---|---|
| 订购单位 | | | | | |
| 详细地址 | | | | | |
| 联 系 人 | | 联系电话 | | 邮 编 | |
| 订购套数 | 每期定价 50.00 元，全年 200.00 元（含邮资） | | | 数量 | |
| 总 金 额 | 拾　万　仟　佰　拾元　（小写：　　元） | | | | |
| 发票单位名称 | | | | 汇款方式 | 邮局 / 银行 |

▲此联请邮寄或传真至：中国社会出版社　地址：北京市西城区二龙路甲 33 号新龙大厦四层
联系人：金　伟　杨建萍　邮政编码：100032　传真：（010）58124837

▲如需电子版征订单的订户或咨询其他事宜，请与 QQ1481821929 联系